**KATHRIN
HARTMANN**

GRÜNER
WIRD'S
NICHT

KATHRIN HARTMANN

GRÜNER WIRD'S NICHT

WARUM WIR MIT DER ÖKOLOGISCHEN KRISE VÖLLIG FALSCH UMGEHEN

BLESSING

ClimatePartner.com/14044-1912-1001

Verlagsgruppe Random House FSC® N001967

Copyright © 2020 by Kathrin Hartmann
Copyright © 2020 dieser Ausgabe by Karl Blessing Verlag, München,
in der Verlagsgruppe Random House GmbH,
Neumarkter Straße 28, 81673 München
Herstellung: Ursula Maenner
Satz: Leingärtner, Nabburg
Druck und Einband: CPI books GmbH, Leck
Printed in the Czech Republic
ISBN: 978-3-89667-661-0

www.blessing-verlag.de

INHALT

»Die Krise besteht gerade in der Tatsache, dass das Alte stirbt und das Neue nicht zur Welt kommen kann: in diesem Interregnum kommt es zu den unterschiedlichsten Krankheitserscheinungen.«

Antonio Gramsci, *Gefängnishefte*[1]

VORWORT

Gerade waren Werner Boote und ich von anstrengenden Dreharbeiten für »Die grüne Lüge«[2] in Brasilien und den USA zurückgekehrt, wo wir Zerstörung in gigantischem Ausmaß gesehen hatten. Die Bilder der trostlosen Ödnis im brasilianischen Bundesstaat Mato Grosso do Sul, wo sich Soja-, Mais- und Eukalyptus-Monokulturen und Viehweiden schier endlos abwechseln, die Geschichten der indigenen Männer und Frauen, die unter diesem Desaster leiden, die ökologischen und sozialen Verheerungen in Louisiana, verursacht durch die Ölpest infolge der Explosion der Plattform *Deepwater Horizon* – all das war vor meinem inneren Auge noch lebendig. Und nun standen wir, mitten in Deutschland, schon wieder an einem Abgrund: Vor uns tat sich der Tagebau Garzweiler auf. In der Ferne sahen wir die Kohlekraftwerke Frimmersdorf, Neurath und Niederaußem, die, wie die Kohlegrube selbst, dem Energiekonzern RWE gehören. Die Windräder, die sich auf dem Feld drehten, wirkten in dieser Kulisse nur wie ein zaghaftes Alibi.

Es war das erste Mal, dass ich einen offenen Kohletagebau sah. Natürlich hatte ich gewusst, welche Verwüstungen der Kohleabbau überall auf der Welt anrichtet. Trotzdem war ich schockiert. Diese Dimensionen! 66 Quadratkilometer groß ist das Loch in der Erde; der Berliner Bezirk Mitte, in dem fast

400 000 Menschen leben, würde mehr als eineinhalbmal hinein-passen. Seit Ende des Zweiten Weltkriegs mussten dem Tage-bau Garzweiler mehr als fünfzig Dörfer weichen, weitere sollen abgerissen werden. Mehr als 35 000 Menschen sind schon ge-zwungen worden, ihr Zuhause zu verlassen. Manche haben ihre Existenz darüber verloren. Landwirtschaftliche Flächen wur-den vernichtet, Bauern mussten Betriebe aufgeben, Kirchen und Baudenkmäler wurden und werden geopfert. Trotz des ge-planten Kohleausstiegs darf RWE Garzweiler weiter ausbauen, weitere fünf Dörfer sollen noch abgerissen werden.

Die Müdigkeit der vergangenen Wochen steckte mir noch in den Knochen, der Jetlag hatte mich fest im Griff, aber das allein erklärte nicht, warum mich dieser Anblick so hart traf. Orte der Zerstörung, die ich in den Ländern des Südens besucht habe, haben mich immer umgehauen. Seien es die Aschefelder von Borneo oder Sumatra, auf denen zuvor Regenwald gewachsen war, der Palmöl-Monokulturen weichen musste. Sei es die Apo-kalypse aus Matsch in Bangladesch, die der Betrieb von Garnelen-Aquakulturen hinterlassen hat. Oder in Honduras, wo die Men-schen weinend an einem Zaun standen, dahinter ihr Land, dessen Bäume gerade für die Errichtung eines Solarparks gefällt worden waren.

Aber hier, im rheinischen Braunkohlerevier, verdichteten sich die schwarzbraunen Schichten der Kohlegrube, die sich endlos bis zum Horizont zogen, wo Kohlekraftwerke ihre Dampfwolken in den Himmel bliesen, und unwirklich riesige Schaufelradbagger, die so stoisch wie brachial die Erde aufrissen, zu einem Sinnbild für das, was gründlich schiefläuft. Ich fühlte mich zurückver-setzt in die Achtzigerjahre, erinnerte mich plötzlich an sauren Regen, verseuchte Flüsse, Smog und Waldsterben und an die aufflammenden Umweltkämpfe, mit denen ich groß geworden bin. Diese ganze Szenerie hatte etwas zutiefst rückwärtsgewandtes, als wären wir in der Vergangenheit stecken geblieben. Sie spiegelte das überkommene Wohlstandsverständnis der alten Bundesrepublik wider, den festen Glauben auch der Bundesregierung, dass diese Ausnahme-Epoche ewig währen könnte. Namentlich die wenigen Wirtschaftschaftswunderjahre der Nachkriegszeit, die Wohlstand für alle, Wohlstand durch Wachstum versprachen, befeuert von der Kohle. Von dieser schmutzigsten und klimaschädlichsten Form der Energiegewinnung kann sich die deutsche Politik (und nicht nur diese) immer noch nur halbherzig lösen, allen möglichen bereits erprobten Alternativen zum Trotz und vorgeblich, um die Arbeitsplätze der Menschen zu schützen, die in dieser Region leben.

Von einem allgemeinen Wohlstand konnte da, wo wir nun hinkamen, allerdings kaum die Rede sein. Die nahe gelegenen Ortschaften mit ihren teils heruntergekommenen Gebäuden, die traurigen Häuser, die an ihren Gartenzäunen per Aushang für eine Handvoll Euro zum Verkauf angeboten wurden, die Dampfwolken der Kohlekraftwerke, die den Himmel beim Blick aus dem Pensionsfenster verdeckten, all das sprach eine andere Sprache.

Eine Begegnung, die ich am Rande der Dreharbeiten dort hatte, blieb mir besonders in Erinnerung. Wir machten Mittagspause in einem Imbiss, unweit der Abbruchkante des Tagebaus. Ich fragte die Frau hinter der Theke, ob ich die Toilette benutzen dürfe.

Das gehe leider nicht. Meine Frage war ihr sichtlich unangenehm. »Diese Toilette hier kann man nicht benutzen, ich gehe da selber nie drauf.« – »Aber was machen Sie denn dann, Sie arbeiten doch hier den ganzen Tag?«, fragte ich verdutzt. – »Ich warte, bis ich wieder zu Hause bin.«

War es nicht die Pflicht des Arbeitsgebers, ihr eine vernünftige Toilette zur Verfügung zu stellen? Warum forderte sie dieses Recht nicht ein? Womöglich weil sie Angst hatte, den Job zu verlieren, die Arbeitslosenquote ist im Ruhrgebiet teilweise überdurchschnittlich hoch. Anders ließ es sich kaum erklären, dass sie Tag für Tag Unwohlsein aushält und damit auch noch ihre Gesundheit gefährdet. Ökologische Fragen haben eben immer auch eine soziale Dimension, und umgekehrt.

Wachsende Proteste

Aber nach und nach überschreiben andere Bilder diese Dystopie: Die Proteste von Klimaaktivistinnen und -aktivisten, die mit der Bewegung Ende Gelände in weißen Schutzanzügen den Tagebau besetzten. Und die Klimaschutzbewegung Fridays for Future, deren wachsender Protest die Politik vor sich her treibt. Diese brodelnde Veränderung spürte ich auch während meiner Lesereise: Ich erlebte fruchtbare, auch radikale Diskussionen und ein kämpferisches Publikum; je jünger, desto mutiger und leidenschaftlicher. Ich spürte Hoffnung und den dringenden Wunsch nach einem ökologisch und sozial gerechten System und einen regelrechten Hunger nach Ideen und Information, wie das zu erreichen wäre. Ich war überwältigt von dem großen Wissen um ökologische und soziale Zerstörungen (und den Zusammenhang von beidem), das sich viele Menschen angeeignet haben und in den Bewegungen teilen und wachsen lassen. All das macht mir Hoffnung. Denn auch ich werde mich nie mit dem Gedanken abfinden, dass die Welt, wie sie ist, die einzig denkbare wäre.

Als ich im Herbst 2019 begann, dieses Buch zu schreiben, war die Klimadebatte auf einem Höhepunkt. Wie zum Beweis überschlugen sich die Wetterereignisse: Der heißeste Sommer seit Beginn der Wetteraufzeichnungen lag gerade hinter uns, da sorgten schwere Unwetter für Hochwasser an der Adria-Küste und in Venedig, in Südfrankreich, Barcelona und Mallorca und für Erdrutsche in Österreich und Ligurien. Es gab Tote und Verletzte. Brücken stürzten ein, Straßen und Häuser wurden zerstört. Die deutsche Bundesregierung legte einen Bericht vor, der zeigte, in welch erschreckendem Ausmaß der Klimawandel bereits in Deutschland angekommen ist: Niedrige Grundwasserstände infolge lang anhaltender Trockenheit haben die Trinkwasserversorgung in einigen Gemeinden erschwert. Niedrige Wasserstände in den Flüssen haben Ökosysteme belastet, die Schifffahrt und die Versorgung von Kraftwerken mit Kühlwasser beeinträchtigt. Nord- und Ostsee haben sich erwärmt, die Gefahr von Sturmfluten hat zugenommen, Strände erodieren. Die Anzahl der Hitzetage über dreißig Grad ist von drei (im Jahr 1951) auf zwanzig gestiegen, ebenso hitzebedingte Todesfälle.[3] In Australien, wo Klimawandelleugner regieren, sind bei den verheerenden Waldbränden zu Beginn dieses Jahres 25 Menschen und mehr als eine Milliarde Wildtiere gestorben.

Wenn dieses Buch erscheint, wird sich womöglich einiges verändert haben. Womöglich wird noch am Klimapaket herumgedoktert und nachgebessert worden sein. Nicht annähernd genug, wage ich vorherzusagen. Vielleicht hat der Protest schon an Kraft verloren, weil die Rezession die Angst vor dem Klimawandel durch die Angst vor der Arbeitslosigkeit ersetzt hat. Nicht zuletzt die SPD hat in der Vergangenheit diese Angst immer wieder geschürt, indem sie Klima- und Umweltschutz gegen Arbeitsplätze ausgespielt hat.

Tatsächlich hängen soziale Fragen und Klimaschutz eng miteinander zusammen. Aber auf eine andere Weise, als von den gegenwärtigen Repräsentanten suggeriert wird.

Falsche Debatten

Auf der anderen Seite verging 2019 kaum ein Tag, an dem der Klimawandel nicht Thema in den Medien gewesen wäre. Den Klimaschutzaktivistinnen und -aktivisten standen diese Medien meist wohlwollend gegenüber, viele bestärkten sie sogar in ihrem ihren Protest, der mehr und mehr Aufmerksamkeit bekam, zumal die Weigerung der Politik, die richtigen Schritte einzuleiten, immer offensichtlicher wurde. Die Abwehr des Klimaschutzes beschränkt sich aber nicht allein auf die Politik, sondern findet vor allem dort statt, wo Menschen (und Konzerne) um Privilegien fürchten. So hat sich Gift in die Debatte geschlichen, das nicht weniger toxisch wirkt als die Leugnung des Klimawandels: Klimaschützerinnen und -schützer als antidemokratisch, antisozial und gar als totalitär zu verunglimpfen. Das Schreckgespenst der »Ökodiktatur« wird nicht nur von den »klimaskeptischen« Schreihälsen der AfD bemüht oder von Anwälten der Reichen bei FDP und Union, sondern auch von normalisierten Intellektuellen, die Demokratie mit Kapitalismus verwechseln und die wollen, dass alles bleiben kann, wie es ist. Große Konzerne, deren Kerngeschäft untrennbar mit Klimazerstörung verbunden ist, geben sich als Klimaschützer aus, um an ihrem Modell festhalten zu können. Und statt politische Fragen, ja: die Machtfrage zu stellen, verheddern wir uns nicht selten in moralischen Scheindebatten, in individuellen Verzichtsforderungen und Schuldzuweisungen.

Zwar scheint es so, als wären mittlerweile so gut wie alle fürs Klimaretten. »Alle fürs Klima« lautete auch das Motto des Klimastreiks vor Beginn der UN-Klimakonferenz in Madrid. Weil niemand mehr ernsthaft den Klimawandel leugnen kann, reden eben auch alle mit. Das heißt aber noch lange nicht, dass die diskutierten Wege tatsächlich zu einer ökologischen und sozialen Transformation führen werden und damit auch zu Klimagerechtigkeit.

Denn es ist ein Unterschied, ob mit marktwirtschaftlichen Instrumenten wie der CO_2-Steuer die Privilegien der Verschmutzer geschützt und damit zerstörerische Machtstrukturen erhalten bleiben. Ob mit Technikfantasien, wie sie die Green Economy bereithält, weitere und zusätzliche Schäden angerichtet werden, wie es bereits beim Irrweg Biosprit der Fall war. Ob Dringlichkeit und Handlungsunfähigkeit zu einer Renaissance der Atomkraft führen oder ob sie gefährliche Großtechnologien wie Geoengineering auf den Plan rufen, die schlimmere (und womöglich irreversible) Folgen haben werden als der Klimawandel selbst. Ob sich ein »mit allen Mitteln weiter so« durchsetzen wird, das die globalen sozialen und ökologischen Verheerungen vorantreibt. Ob dann die Folgen des Klimawandels zu einer noch gewalttätigeren Abschottung des Nordens gegen die Länder des Südens führen und sich die Rechten durchsetzen werden, die einerseits den Klimawandel leugnen und ihn andererseits zum Argument für den »Heimatschutz« umdeuten, um Geflüchtete fernzuhalten.

Oder ob wir es schaffen, eine Transformation auf den Weg zu bringen, die eine so schöne Utopie zum Ziel hat wie ökologische und soziale Gerechtigkeit auf der ganzen Welt. Ob wir also glauben, wir könnten Klimaschutz innerhalb des Kapitalismus erreichen, innerhalb des Systems, das die Klimakatastrophe erst hervorgebracht hat. Oder ob wir an einem Systemwechsel arbeiten, indem wir zuerst einmal die ökologische und die soziale Frage als ein und dieselbe begreifen. Das aber wäre keine pragmatische oder technologische Aufgabe – sondern eine politische.

Denn es gibt ja Alternativen, die sogar zügig umgesetzt werden könnten. In der Landwirtschaft, im Verkehr, in der Energieversorgung, bei der Regulierung von Konzernen. Deswegen lautet die wichtigste Frage: Wer profitiert noch immer von den Verhältnissen, wie sie sind? Wer verhindert diese Alternativen? Das sind die wesentlichen Fragen, nach denen wir den Diskurs immer wieder abklopfen müssen. Darum habe ich dieses Buch geschrieben.

Damit wir wissen, wofür wir kämpfen müssen.

Und gegen wen.

»Politik ist das, was möglich ist. Die Möglichkeiten beim Klimaschutz haben wir ausgelotet.«

Angela Merkel, Bundeskanzlerin

I. DIE GROSSE ERNÜCHTERUNG

Warum die Regierung den Klimawandel nicht aufhalten wird

Als die Bundesregierung am 20. September 2019 das lange erwartete Klimapaket endlich öffnete, war die Begeisterung groß. Nicht die der kritischen Öffentlichkeit, sondern die der Konzerne. Der Aktienkurs des Energiekonzerns RWE stieg um gleich zwei Prozentpunkte: der beste Dax-Wert dieses hochsommerlichen Freitags im Herbst. Das war vor allem deshalb verblüffend, weil ein knappes Jahr zuvor das genaue Gegenteil passiert war: Die Aktie von RWE, dem größten CO_2-Emittenten Europas, war auf einen historischen Tiefstand gesunken. Eine Folge des Protests zum Erhalt des Hambacher Forsts. Der Kohle-Riese wollte auch noch den Rest des Waldes abholzen, um die darunterliegende Braunkohle in seinen beiden Kraftwerken Neurath und Niederaußem zu verfeuern. An dem Tag, als das Oberverwaltungsgericht Münster schließlich einen Rodungsstopp verfügte, verlor der 120 Jahre alte Konzern im Handumdrehen eine Milliarde Euro an Wert.

Das Klimapaket der Bundesregierung jedoch ließ RWE-Anleger offenbar Morgenluft wittern. Nicht nur sie atmeten auf, auch der Verband der Deutschen Automobilindustrie und der Mineralölwirtschaftsverband fanden in ihren Pressemitteilungen lobende Worte für die Arbeit der Regierung.

Für die Bundesregierung war das Klimapaket also ein Erfolg. Sie betrachtet es ohnehin als großen Wurf; vermutlich schon allein aus dem Grund, weil die Große Koalition nach zwei Jahren Dauerlähmung und Verfallserscheinungen, nach ermüdenden Streitereien und Personaldebatten, Machtkämpfen und gegenseitigen Blockaden überhaupt zu einer Einigung gekommen ist. Das war einen Applaus wert – jedenfalls denen, die keine Einschnitte fürchten mussten.

Fünf Tage später rettete die Bundesregierung die Fluglinie Condor nach der Insolvenz der Mutterfirma Thomas Cook vor der Pleite, mit einem sechsmonatigen Überbrückungskredit von 380 Millionen Euro. Begründet wurde dies vor allem mit dem Versuch, Arbeitsplätze zu retten. Das nutzte der Anbieter dazu, die Flugtickets zu Dumpingpreisen zu verkaufen: ab 29 Euro nach Antalya, ab 229 Euro in die Karibik. Billigflüge auf Staatskosten also, obwohl im »Eckpunktepapier für das Klimaschutzprogramm 2030« stand, man wolle Flüge teurer machen. Na ja, jedenfalls ein bisschen.

Die Regierung spielte wieder einmal die soziale Frage – Arbeitsplätze – gegen die Klimaschutzfrage aus und entschied rigoros zugunsten der ersten. Auf diese Weise wurde der Bevölkerung Alternativlosigkeit suggeriert: Wer Arbeitsplätze schützen will, darf bei ökologischen Schäden nicht zu zimperlich sein.

Nicht allen aber machte das Klimapäckchen der Bundesregierung so gute Laune wie den größten Treibhausgasemittenten. Sogar sonst eher nüchterne Wissenschaftlerinnen und Wissenschaftler verloren die Fassung. Ottmar Edenhofer, Direktor des Potsdam-Instituts für Klimaforschung und einer der wichtigsten

Berater des Klimakabinetts, nannte es »ein Dokument politischer Mutlosigkeit«, mit dem die Regierung nie und nimmer ihre Ziele erreichen würde.

Fast eineinhalb Millionen Menschen gingen an jenem 20. September 2019 in mehr als 450 Orten in Deutschland auf die Straße. Es war der größte Protesttag seit dem Generalstreik vom 20. Juni 1948, der sich gegen die Währungsreform richtete, die zu einer immensen Entwertung von Sparguthaben führte. Zu diesem Klimastreik hatte die Schülerinnen- und Schülerbewegung Fridays for Future schon Monate zuvor aufgerufen, in der korrekten Annahme, dass die Klimaschutzstrategie, mit der sich die Regierung eineinhalb Jahre Zeit gelassen hatte, wenig geeignet sein würde, die 2015 im Pariser Klimaschutzabkommen vereinbarten Klimaziele einzuhalten. Das maternalistische Kopftätscheln, mit dem die einst als Klimakanzlerin bezeichnete Bundeskanzlerin den protestierenden Schülerinnen und Schülern begegnet war, hatte nichts genutzt.

Klaffende Handlungslücken

Inhaltlich nämlich hatten Union und SPD, über weite Strecken ihrer Amtszeit mit sich selbst beschäftigt, ja fast schon resigniert. Bereits im Koalitionsvertrag hatte sich die GroKo vom deutschen Klimaziel verabschiedet. Das wollte die Treibhausgasemissionen bis 2020 um mindestens 40 Prozent (gegenüber 1990) senken. Mit den bisherigen, nun ja, Klimaschutzplänen seien nur 32 Prozent erreichbar, hieß es zwischenzeitlich. Und das, obwohl die Wiedervereinigung den Deutschen entgegengekommen war: Ein Drittel der bereits eingesparten Treibhausgase war dem schlichten Umstand zu verdanken, dass nach '89 viel

Industrie im Osten geschlossen worden war. Seit diesem Zeitpunkt sind die Emissionen insgesamt gesunken, aber doch auch immer wieder angestiegen. Vor allem in den alten Bundesländern, und ganz besonders im Verkehr.

Nach heftiger Kritik von Umweltverbänden und Wissenschaftlern und nach zähen Verhandlungen rangen sich SPD und Union zu dem wolkigen Versprechen durch, »Ergänzungen vornehmen« zu wollen, um »die Handlungslücke zur Erreichung des Klimaziels 2020« so schnell wie möglich zu schließen. Doch es wurde nichts geschlossen. Die »Handlungslücke« – eine so euphemistische wie dreiste Umschreibung der gescheiterten deutschen Klimapolitik – klafft. Deutschland liegt schon jetzt mit hundert Millionen Tonnen CO_2 pro Jahr weit über dem Limit. Allein diese Menge über der Grenze ist mehr, als ganz Bangladesch, das schon jetzt vom Klimawandel besonders betroffen ist, in einem Jahr ausstößt.

Zwar will die Regierung laut Klimaschutzprogramm bis 2030 die Emissionen um 55 Prozent (gegenüber 1990) reduzieren. Kein besonders ehrgeiziges Ziel, schließlich ist Deutschland der sechstgrößte CO_2-Emittent der Welt und der größte in Europa.

Allein um dieses Ziel zu erreichen, müsste das Land binnen zehn Jahren mehr Treibhausgase reduzieren als in den vergangenen dreißig Jahren, nämlich 300 Millionen Tonnen CO_2 bis 2030. Das ist in etwa so viel, wie allein die Energiewirtschaft ausstößt, die mit 38 Prozent den größten Anteil an Deutschlands Gesamtemission hat. Schließlich wird rund ein Viertel des Stroms hier aus Kohle produziert, und vier der fünf Kohlekraftwerke, die in ganz Europa am meisten CO_2 ausstoßen, stehen in Deutschland. Drei davon gehören der RWE AG, die für ein Viertel der deutschen Emissionen zuständig ist.[4]

In welcher parallelen Realität lebt nun aber die Große Koalition, die offenbar glaubt, mit zaghaften Vorschlägen und kleinen Schrittchen – ein bisschen CO_2-Steuer hier, ein bisschen mehr Geld für die Bahn da, Verbot von Ölheizungen, Unterstützung für die E-Mobilität – das ohnehin zu niedrige Ziel erreichen und schließlich bis 2050 »CO_2-neutral« sein zu können? Will sie das überhaupt? Oder will sie etwas anderes retten, nämlich vorzugsweise sich selbst – beziehungsweise, wie eh und je, die Privilegien der Industrie und der Reichen?

Ohne den immensen Druck der Klimaschutzbewegung hätte die Große Koalition womöglich gar nichts vorgelegt, sondern das ihr offenbar lästige Thema weiter verdrängt und als Zukunftsmusik behandelt. Ein vielsagendes Beispiel dafür, dass in dieser Phase der Demokratie Nichtregierungsorganisationen sowie Bürgerinnen und Bürger mit Protest über ihre bloße Stimmabgabe bei Wahlen hinaus großen öffentlichen Druck auf die gewählten Repräsentanten ausüben müssen, damit diese für die Gesellschaft existenzielle Themen überhaupt bearbeiten. Allenfalls »unsere Kinder und Enkel«, meinte die Regierung, seien da zu schützen. Ohne solches Pathos geht es wohl nicht, wenn das Verschleppen der »Menschheitsaufgabe« (Merkel) kaschiert werden soll.

Fast ein Vierteljahrhundert nach der ersten UN-Klimakonferenz und mehr als vierzig Jahre, nachdem der Treibhausgaseffekt und seine Folgen erforscht waren, bezeichnet Umweltministerin Svenja Schulze die Fridays-for-Future-Proteste als »Weckruf«. Und selbst verlorene 24 Jahre später, in denen die Klimakatastrophe sogar fast komplett hätte abgewendet werden können,[5] hat es keine noch so beunruhigende Nachricht geschafft, die Bundesregierung aus ihrem Wachkoma zu holen. Auch nicht der Sonderbericht des Weltklimarates der Vereinten Nationen (IPCC), der 2018 darlegte, dass die Klimawandel-Folgen weniger katastrophal ausfallen würden, gelänge es, die Erderwärmung statt auf zwei Grad (wie 2015 in Paris vereinbart) auf nur 1,5 Grad zu begrenzen.[6]

Dieses Ziel aber wäre nur mit »schnellen und weitreichenden« Veränderungen bei der Energieerzeugung, der Landnutzung, im Städtebau, im Verkehr und in der Industrie zur erreichen. Statt diese in Angriff zu nehmen, verschob die Bundesregierung ein halbes Jahr später den endgültigen Kohleausstieg auf 2038. Zur selben Zeit kämpfte Verkehrsminister Andreas Scheuer mit Händen und Füßen gegen ein Tempolimit auf deutschen Autobahnen. Mit Erfolg, wie bekannt. Und in den Talkshows lamentierten Politiker von Union und SPD darüber, dass es ihnen nicht gelungen sei, ein anderes, eigenes Thema als den Klimawandel zu finden, um dem Erfolg der Grünen etwas entgegenzusetzen.

Da hatten diese bei der Bürgerschaftswahl in Bremen wieder einen erheblichen Stimmenzuwachs erhalten – zum dritten Mal nach zwei Landtagswahlen, die den Grünen einen Höhenflug bescherten. Auch deshalb, weil die Partei insbesondere für junge Wählerinnen und Wähler aus dem Fridays-for-Future-Umfeld die einzige war, die sich ernsthaft mit diesem Thema zu beschäftigen schien.

Unterschätzte Zivilgesellschaft

Als Angela Merkel das Klimapaket mit den eingangs zitierten Worten vorstellte, sie habe alle Möglichkeiten ausgelotet, also suggerierte, dieses Paket sei das Maximum dessen, was demokratisch möglich und gesellschaftlich akzeptabel sei, ignorierte sie etwas Entscheidendes: Die Demokratie erlebt gegenwärtig durch die vielen und wachsenden Proteste große Momente. Insbesondere eine Generation, die viele vorschnell als konsumistisch und apolitisch bezeichnet hatten, erhebt ausdauernd ihre Stimme. Und für nötige, auch drastische Veränderungen ließen sich Mehrheiten finden, wenn man denn konsequent danach suchte.

Kein Wunder, dass die Regierung auf Kritik am Klimaschutzpaket mit narzisstischer Kränkung reagiert. Als *Spiegel Online* berichtete, dass der Entwurf des Klimaschutzgesetzes, den Bundesumweltministerin Svenja Schulze im Februar vorgelegt hatte, in der neuen Version sogar noch abgeschwächt worden war, antworteten Kanzleramt und Ministerium ungewöhnlich prompt – und zwar so empört wie verständnislos. Natürlich: Seit Jahr und Tag werden klima- und umweltpolitische Maßnahmen unter Ausschluss der Öffentlichkeit, aber unter großem Einfluss der Industrie verhandelt. Sei es der – nach dem GAU von Fukushima schließlich doch noch vereitelte – Ausstieg aus dem Atomausstieg, seien es die über mehr als zwanzig Jahre immer weiter nach unten korrigierten und nach hinten verschobenen CO_2-Obergrenzen für die Automobilindustrie, der gescheiterte Emissionshandel oder, ganz generell, der hartnäckige politische Unwille, auch nur eine einzige gesetzliche Verpflichtung für Konzerne zur Einhaltung von Menschenrechten, Umwelt- und Klimaschutz auf den Weg zu bringen.

Dass er den Druck von unten offenbar nicht gewohnt ist, gab, ohne es zu merken, Kanzleramtsminister Helge Braun (CDU) zu verstehen, als er im ZDF-Morgenmagazin darüber sinnierte, dass der CO_2-Preis »in den nächsten Jahren« von zehn Euro pro Tonne CO_2 »möglicherweise« auf sechzig Euro steigen würde: »Also da ist eine Dynamik drin«, sagte Braun, »und die ist den Klimaschützern nicht genug, aber für den normalen Bürger ist das bei Weitem ehrgeizig genug.«

Doch die Kluft zwischen Klimaschützern und »normalen Bürgern«, die der Kanzleramtschef behauptete, gibt es so nicht mehr. Vielmehr verläuft der Riss zwischen den Bürgerinnen und Bürgern und einer Politik, die die Privilegien der Industrie gegen die Interessen der Allgemeinheit schützt. »Normale Bürger« haben begonnen, Widerstand zu leisten. Und das nicht erst seit Kurzem: »Normale Bürger« gingen gegen die Freihandelsabkommen TTIP und CETA auf die Straße, »normale Bürger« kamen in Scharen zur Großdemo am Hambacher Forst. Millionen »normale Bürger« nahmen weltweit am großen Klimastreik teil, »normale Bürger« fordern auf den »Wir haben es satt«-Demos eine Agrarwende und demonstrierten bei der Internationalen Automobil-Ausstellung (IAA) in Frankfurt für eine Verkehrswende. So viele wie nie zuvor artikulieren Widerspruch. Nicht das Abbild des »normalen Bürgers« dagegen ist der zornige Autofahrer, der mit Schaum vor dem Mund wegen Straßenblockaden in Berlin in die Kameras bellt.

Gewissermaßen schiebt die Regierung die Verantwortung den Bürgerinnen und Bürgern in die Schuhe, indem sie so tut, als seien ihnen wirkungsvolle Maßnahmen für den Klimaschutz, der ja gleichzeitig dem Schutz der Bevölkerung dienen würde, nicht zumutbar. Leider, leider. Kann man nichts machen ... Weniger zimperlich stellte sich die Regierung bei der Rettung der Banken an: Mindestens 58 Milliarden Euro hatte diese gekostet. Während vor allem Reiche und Superreiche dadurch noch reicher wurden, kämpfte die Allgemeinheit zusätzlich mit den indirekten Folgen der Finanzkrise. Mit Jobverlust, Problemen bei der Altersvorsorge, steigenden Mieten, Privatisierungen und mit dem Fetisch der »Schwarzen Null«, der verhindert, dass dringend nötige Investitionen in die öffentliche Daseinsvorsorge getätigt werden – in Bildung, Gesundheitsversorgung, Sozialwohnungen, öffentlichen Nahverkehr und Bahn. Ob die Deregulierung der Banken, die die Finanzkrise befeuerte, der Allgemeinheit zumutbar sei, darum hatte sich die Regierung weit weniger gesorgt. »Wäre die Welt eine Bank, hättet ihr sie längst gerettet« stand auf einem der selbst gemalten Plakate, die während der Fridays-for-Future-Proteste in die Höhe gehalten wurden.

In Madrid aber geriet derweil die 25. Weltklimakonferenz der Vereinten Nationen schon wieder zur Farce, unter anderem weil Länder wie Australien, Brasilien und die USA, die aus dem Klimaabkommen aussteigen wollen, oder Öl-Staaten wie Saudi-Arabien die Verhandlungen ausbremsten. Gescheiterte Klima-Gipfel gehören auf verstörende Art und Weise schon zur Folklore; die viel gefeierte Ausnahme des Abkommens von Paris 2015 verblasst zusehends. Und der Green Deal der Europäischen Union, den EU-Kommissionspräsidentin Ursula von der Leyen zu »Europas Mann-auf-dem-Mond-Moment« aufbläst? Der enthält vor allem technische Lösungen: Atomkraft war kein Punkt des Deals! Zum einen die Speicherung von CO_2 unter der Erde. Diese Technologie birgt, abgesehen davon, dass sie extrem kostspielig und ihr Erfolg völlig ungewiss ist, zahlreiche Risiken, wie auch das Umweltbundesamt einräumt: CO_2 könnte auf dem Weg durch die Gesteinsschichten Schadstoffe freisetzen und Salzwasser nach oben drängen, sodass das Grundwasser versalzt.[7] Zum anderen wollten einige Länder, insbesondere Frankreich, Polen, Ungarn, Tschechien, die Slowakei, Rumänien und Bulgarien, die Anerkennung der Atomkraft als klimafreundlicher Energie durchsetzen. Was für ein fataler Rückschritt wäre das!

Verzögerter Kohleausstieg

Nun hat die Bundesregierung zwar den Kohleausstieg endlich mit konkreten Daten versehen: Bis Ende 2022 sollen acht Kraftwerke im Rheinischen Revier stillgelegt werden, darunter die ältesten und schmutzigsten. Elf weitere bis 2029. Erst 2038 aber sollen alle 29 Braunkohle- und alle 37 Steinkohlekraftwerke abgeschaltet sein. Das kommt zu spät. Denn es bedeutet ja umgekehrt, dass der Großteil dieser Kraftwerke noch jahrelang Kohle verfeuern und damit tonnenweise CO_2 ausstoßen wird.

Tatsächlich wäre der Ausstieg sehr viel früher und schneller möglich gewesen: Nie zuvor gab es einen solchen Stromüberschuss in Deutschland, viele Großkraftwerke sind deshalb ohnehin überflüssig. Rechnet man die Leistung aller bestehenden stromerzeugenden Anlagen zusammen, so kommt man auf 206 Gigawatt. Das ist mehr als doppelt so viel, wie in Deutschland höchstens verbraucht wird. Die Stromexporte haben sich seit 2010 deshalb mehr als verdreifacht, denn die Betreiber lassen ihre Braunkohle- und Atommeiler rund um die Uhr laufen.[8] Nun bekommen diese Betreiber den Ausstieg auch noch mit mehr als vier Milliarden Euro Entschädigung vergoldet, während gleichzeitig die Energiewende auch wegen mangelnder Förderung stagniert.

Katastrophal ist, dass der Klimakrise zum Trotz ein neues Steinkohlekraftwerk, Datteln 4, ans Netz gehen soll. Das würde noch zusätzliche Tonnen CO_2 bedeuten – 30 Millionen bis 2038, schätzt der BUND. Und ganz abgesehen von dem Klimaschaden, den das Kraftwerk anrichten wird, muss die Steinkohle dafür aus Indonesien, Kolumbien und Russland importiert werden, wo deren Abbau bereits heute zu sozialen Verwerfungen führt und für gigantische Umweltschäden sorgt. Der Hintergrund für diesen neuen Irrsinn ist so banal wie fatal: Die Politik fürchtete Milliardenentschädigungen an den Betreiber Uniper, die wohl fällig geworden wären, hätte sie das Projekt gestoppt. Dabei hätte das Kraftwerk womöglich gar nicht erst gebaut werden dürfen, Gerichte hatten sogar einen Baustopp verhängt. Doch dann erließ die rot-grüne Landesregierung in Nordrhein-Westfalen unter Ministerpräsidentin Hannelore Kraft (SPD) eine Sondergenehmigung, gegen die noch immer Klagen anhängig sind.[9]

Ein Schritt vor und zwei zurück: Angesichts solcher Hiobsbotschaften, die uns als Fortschritt im Klimaschutz verkauft werden, drängt sich der Eindruck auf, als bewegten wir uns in einer Endlosschleife gebrochener Versprechen. Kein Wunder, dass trotz der wachsenden Proteste viele Menschen immer noch glauben, es ginge nur so und nicht anders. Dass Klimaschutz gleichzeitig der Wirtschaft schade und Arbeitsplätze koste, ist nach wie vor eine wirkmächtige Erzählung, die vielen Leuten Angst macht. Diese Vorstellung ist aber nicht nur falsch, sondern auch gefährlich, denn dieser konstruierte Gegensatz wird die ökologische und soziale Krise, die sich im Klimawandel besonders heftig Bahn bricht, nur verschärfen.

»Die Wahl besteht nicht zwischen dem Lohn von Arbeitern und dem Schicksal kleiner Vögel, sondern zwischen zwei Arten von Welt, in denen es, in beiden Fällen, Arbeiterlöhne und kleine Vögel gibt, die aber je auf andere Weise miteinander verbunden sind.«

Bruno Latour, *Das terrestrische Manifest*[10]

II. ÖKO-MORALISMUS

Warum die Trennung der ökologischen und der sozialen Frage die Gesellschaft spaltet

Im Frühjahr 2019 kam es im Berliner Stadtteil Kreuzberg zu einem seltsamen Protest. Rund dreihundert Anwohnerinnen und Anwohner demonstrierten für die Erhaltung einer Aldi-Filiale. Auf ihren Transparenten und selbst gemalten Schildern stand: »Omi braucht Aldi!« oder »Kreuzberg 36 wehrt sich!«. Der Discounter, gelegen in der Markthalle Neun zwischen Fairtrade-Kaffeeröstereien, Bastkörben mit Biogemüse, gläsernen Bäckereien, Smoothie-Ständen und Crêperien, sollte nach vierzig Jahren geschlossen werden.

»In Berlin-Kreuzberg verteidigen sie einen Aldi gegen die böse Biolandwirtschaft«, spottete Peter Unfried in der *taz*. »Wenn es gegen unsympathische mutmaßliche US-Geld-Schwaben-Touristen geht, kann man sich selbst in Kreuzberg schon einmal mit einem Lebensmitteldiscounter solidarisieren, der die Arbeitsbedingungen vom Hersteller bis zur Kassenkraft dermaßen durchoptimiert, dass bei der 500-g-Packung Putenschnitzel für 2,99 Euro immer noch Gewinn hängen bleibt«, ätzte Stefan Kuzmany auf Spiegel Online.

An die Wand neben dem Eingang zur Markthalle Neun gepinnt, war ein offener Brief der Betreiber zu lesen, der über die geplante Änderung informierte. Darunter ein Artikel aus der *Welt am Sonntag* mit der Überschrift »Solidarität mit Milliardären«, der den Protest gegen die Schließung als »neues Kapitel im politischen Irrsinn« beschrieb.

Aber natürlich ging es bei dem Protest gegen die Schließung einer Aldi-Filiale nicht darum, einen Konzern zu retten, sondern um die Gentrifizierung der Gegend: Viele Anwohnerinnen und Anwohner fürchteten, dass die Markthalle Neun diese weiter vorantreiben würde. Binnen sieben Jahren waren die Mieten in Berlin um 71 Prozent gestiegen – auch in Friedrichshain-Kreuzberg. Auf der anderen Seite ist aber mehr als ein Viertel der Bewohner im Kiez von Sozialleistungen abhängig. Und weniger als fünf Euro Regelsatz am Tag für Essen reichen in den Geschäften der Markthalle Neun höchstens für einen Fairtrade-Cappuccino und ein Dinkelhörnchen. Während das *juste milieu* allenfalls mal zu Aldi geht, um sich dort ironisch Champagner für 12,99 Euro zu kaufen (und weil er angeblich besser schmeckt als Moët Chandon). Oder um am Essen zu sparen, um das Geld anderweitig zu verplempern.

Aldi oder Luxus-Bio?

Die Markthalle Neun verkümmerte seit dem Ende der Neunzigerjahre; schließlich verkaufte die Stadt sie. Eine Anwohnerinitiative hatte sich viele Jahre für Erhalt und Wiederbelebung der Halle engagiert. So konnte verhindert werden, dass die Halle meistbietend an einen Investor verkauft und aus dem historischen Gebäude ein Supermarktcenter wurde. Stattdessen wurde das Gebäude zu einem Festpreis von 1,15 Millionen Euro angeboten. Bewerberinnen und Bewerber mussten ein Konzept einreichen, das kleinteiligen Handel sowie kulturelle und soziale Angebote vorsah. Den Zuschlag erhielt die Projektgruppe Markthalle Neun, die ein Nutzungskonzept vorgelegt hatte, das auch den Forderungen der Anwohnerinitiative entsprach.

»Die Markthalle Neun als Lebensmittel-Punkt in Kreuzberg hat sich zum Ziel gesetzt zu zeigen, wie ›Anders-Essen‹ und ›Anders-Einkaufen‹ in der Stadt möglich sein können: in respektvollem Umgang mit Mensch, Tier und Umwelt, regional- und saisonalbetont, verbunden mit lokaler Wertschöpfung, transparent und vertrauensvoll«, so stand es in dem Konzept der Projektgruppe. Außerdem solle die Markthalle »Impulse geben für das ›Wie‹ der Lebensmittelversorgung der Stadt und die gesellschaftlich notwendige Debatte über ein zukunftsfähiges und global gerechtes Ernährungssystem«.[11]

Dagegen ließ sich nun wirklich nichts sagen. Viele der Erzeugerinnen und Erzeuger stammen aus der Region. Wenn sie ihre Lebensmittel direkt vermarkten, können kleine unabhängige Höfe und Handwerksbetriebe auf diese Weise Preise für ihre Waren verlangen, von denen sie auch leben können. Wenn sie nicht dem Preisdruck der Lebensmittelindustrie und der Supermarktketten ausgeliefert sind, können sie es sich leisten, ökologisch zu produzieren, umwelt-, menschen- und klimafreundlich.

Auf der anderen Seite aber ist das, was sie anbieten, eben doch vor allem für eine Klientel attraktiv, die genügend kulturelles und finanzielles Kapital hat, um sich für eine gläserne Metzgerei zu begeistern, für Mini-Brauereien, eine Tofu-Manufaktur, historische Forellenarten, mit Weißwein gewaschenen Salzwiesen-Bergkäse und für Eierlikör mit Bio-Vanille aus Madagaskar. Ein solches Konzept zieht, mit einem Wort, in erster Linie Besserverdienende an. Unter den gegebenen Verhältnissen kann man auch dann zum Gentrifizierungsmotor werden, wenn man die Verhältnisse eigentlich kritisiert.

Florian Niedermeier, einer der Betreiber der Markthalle Neun, ist sich dieses Dilemmas durchaus bewusst. In einem Interview sagt er: »Gentrifizierung findet zweifelsfrei statt, und das ist für viele extrem bedrohlich. Dafür habe ich vollstes Verständnis. Aber man muss trotzdem mal innehalten und sich ehrlich fragen, worum es hier eigentlich geht. Geht es nur um Arm und Reich, um Konsumenten, die billige Lebensmittel brauchen? Oder unterstützen wir mit Einkäufen im Discounter nicht genau das System, das andere Leute, auf dem Land oder in den Verarbeitungsbetrieben, eigentlich erst arm macht?«[12]

Genau hier liegt der Bio-Hase im tasmanischen Pfeffer. Man kann diese beiden Fragen nicht gegeneinander ausspielen. Im Gegenteil: Sie sind untrennbar miteinander verbunden. Denn die geknechtete Näherin in Kambodscha, der ausgebeutete migrantische Erntehelfer in Südspanien, die Bäuerinnen und Bauern, die auch hierzulande unter dem Preisdiktat der Supermärkte und Lebensmittelindustrie ächzen oder aufgeben müssen, weil sie den Wachstumswettbewerb verloren haben, sie alle sind Opfer desselben Systems wie Hartz-IV-Empfängerinnen, verarmte Rentner oder Mini-Jobber. Billigpreise sind politisch erwünscht und gemacht. Wenn Arme möglichst billig einkaufen können, müssen weder Löhne noch Sozialleistungen oder Renten erhöht werden. Auf diese Weise verschafft sich die deutsche Regierung den Exportvorteil des Landes auf Kosten anderer Länder.

Billige Dinge für billige Leben

Billige Nahrung ist eines von sieben billigen Dinge, die das Fundament des Kapitalismus bilden. In ihrem Buch *Entwertung* zeichnen die globalisierungskritischen Wissenschaftler Raj Patel und Jason Moore die Geschichte des Kapitalismus nach, indem sie ebendiese sieben billigen Dinge untersuchen, auf die sich die Herrschenden seit dem Kolonialismus Zugriff verschafft haben: Natur, Geld, Arbeit, Fürsorge, Nahrung, Energie und Leben.[13]

Ein schlagendes Beispiel, wie sich diese gegenseitig bedingen, ist für Moore und Patel dabei die Produktion von Hühnerfleisch, dem billigsten und meistverzehrten Fleisch der Welt. Das Huhn, ursprünglich aus asiatischen Urwäldern stammend, wurde derart überzüchtet, dass es heute binnen achtundzwanzig Tagen zur Schlachtreife heranwächst – vor hundert Jahren benötigte es noch sechzig Tage. So kann der Betrieb zigtausende Hühner auf einmal halten – dreißig Millionen Hähnchenmastplätze gibt es allein im niedersächsischen Emsland. Zwanzig- bis vierzigtausend Mastplätze sind die Standardgröße für einen modernen Maststall.[14] Um die Ställe zu heizen, um Aufzucht und maschinelles Töten und Verarbeiten zu beschleunigen, um das Fleisch zu kühlen und zu transportieren, braucht es billige fossile Energie. Beide, sowohl die ausbeuterische industrielle Landwirtschaft als auch die Produzenten fossiler Energie, sind bekanntermaßen hoch subventioniert, vom Bund und von der EU, und bekommen günstige Kredite. Das macht das Fleisch so billig, dass Edeka einst ein ganzes Suppenhuhn für einen Euro anbieten konnte,[15] und zieht miserabel bezahlte Arbeit und moderne Sklavenhaltung nach sich.

Billige Arbeiterinnen und Arbeiter brauchen billige Nahrung. Schlechte Arbeit macht krank, doch die Fürsorge obliegt meistens den Familien, sprich: den Frauen. Für all das braucht es also billiges Leben, nämlich die Entwertung von Natur, Tieren und Menschen. Und zwar von Frauen, Migrantinnen und Migranten, Indigenen, Nichtweißen. Billig bedeutet dabei nicht nur, dass etwas wenig kostet und keinen Wert hat. Billige Dinge, so schreiben Moore und Patel, seien »vielmehr Strategien, mit deren Hilfe der Kapitalismus sein Fortbestehen sichern und Krisen meistern konnte«.[16] Der Kapitalismus sei erfolgreich, weil er natürliche Ressourcen für sich arbeiten lasse – so günstig wie möglich.

In diesem Zusammenhang sind am Ende des 19. Jahrhunderts auch die Markthallen in Berlin entstanden. Ihrer Gründung ging die sogenannte Kartoffelrevolution voraus. Nach Missernten waren Mitte des 19. Jahrhunderts die Preise für Grundnahrungsmittel wie Kartoffeln in die Höhe geschossen. Die hungernden Berliner plünderten Marktstände und Geschäfte, bis die Unruhen vom Militär beendet wurden. Die Markthallen, die schließlich um 1890 eröffnet wurden, sollten die Bevölkerung mit preiswerten Nahrungsmitteln versorgen. Denn seit der Kartoffelrevolution hatte sich die Einwohnerzahl Berlins mehr als verdreifacht: Die industrielle Revolution brauchte Arbeiterinnen und Arbeiter, diese wiederum brauchten billiges Essen.[17]

Heute markiert die Markthalle Neun einen Riss zwischen denen, die genug Geld haben, um sich dort mit ökokorrektem Konsum ein gutes Gewissen kaufen zu können, und denen, die auf Billiglebensmittel angewiesen sind. Die Bio-Eliten nun haben die ökologische Frage via ethischem Konsum entpolitisiert und sie zur Frage einer individuellen Moral und des Geldbeutels gemacht, nicht aber haben sie die Produktionsweisen geändert. Sie haben, im Gegenteil, die gesellschaftliche Spaltung vertieft, indem sie »gute« und »böse« Konsumenten gegeneinander ausspielen. Als Letztere werden nun aber nicht die Reichen kritisiert, die mit ihrer Lebens- und Konsumweise den größten ökologischen Fußabdruck haben. Stattdessen werden fast immer Arme denunziert.

Bei meinen Lesungen habe ich solche Fragen oft gehört: Ob denn »das Problem« nicht die Hartz-IV-Empfänger seien, schließlich würden die doch die Ein-Euro-Ausbeuter-T-Shirts bei KiK kaufen. Sie, die Hartz-IV-Empfänger, könnten doch auch bio kaufen, sie könnten sich ja auch einschränken und an anderer Stelle verzichten, etwa auf Alkohol, Zigaretten, den Fernseher oder das Handy.

Meistens ernten solche Beiträge zustimmendes Raunen und Nicken, schließlich wähnt man sich unter sich. Einmal aber saß ein Hartz-IV-Empfänger im Publikum. Er konterte, dass er das zwar gerne täte, seine monatliche Alimentierung aber nicht ausreiche, auch nur die Wochenendeinkäufe im Biosupermarkt zu erledigen. Warum es eigentlich überhaupt eine Frage des Geldes sein müsse, Bioprodukte kaufen zu können oder nicht, und weshalb ökologisch erzeugte Lebensmittel die teure Ausnahme seien und nicht der Standard, den sich jeder leisten könne?

Gelbwesten ohne Öko-Gewissen?

Die ersten Reaktionen auf die Gelbwesten, deren Protest sich in Frankreich entzündete, als Präsident Emmanuel Macron höhere Steuern auf Benzin und Diesel erheben wollte, fielen ähnlich herablassend aus. Gutsituierte und Wohlhabende mit ausgeprägtem Umweltbewusstsein empörten sich auch hierzulande über die Abgehängten, die angeblich lieber Auto fahren, als das Klima zu schützen.

Allerdings ging es den Gelbwesten nicht um Partikularinteressen und Fahrspaß im Porsche Cayenne. Viele von ihnen wohnen in der Peripherie oder auf dem Land, abgeschnitten vom öffentlichen Nahverkehr. Sie sind auf ein Auto angewiesen, um zur schlecht bezahlten Arbeit zu kommen. Tatsächlich wäre nur ein Fünftel der von Macron geplanten Steuererhöhung für die Energiewende verwendet worden, der Rest wäre in die Staatskasse geflossen, an örtliche Behörden oder in Infrastrukturvorhaben. Kritiker vermuten, dass die französische Regierung so das Finanzloch im Haushalt stopfen wollte, das dort seit der Abschaffung der Vermögenssteuer klafft. Und zwar zulasten derer, die ohnehin schon unter der Liberalisierung des Arbeitsmarktes zu leiden haben (ebenfalls von Macron durchgesetzt) sowie unter der Begrenzung des Arbeitslosengeldes. Die Gelbwesten gingen also nicht etwa gegen den Klimaschutz auf die Straße, sondern für höhere Löhne und Renten, gegen soziale Ungleichheit und gegen einen Präsidenten, der Politik für Reiche betreibt. Darüber hinaus gab es in der Bewegung, die nicht homogen war und kein Programm verfolgte, auch Strömungen, die sich mit der Klimabewegung solidarisierten. Schließlich lebten auch viele der Gelbwesten-Kämpfer in städtischen Gegenden, wo sie unter Umweltschäden litten, an Ausfallstraßen etwa. Die Klimakrise ist eben nicht allein ein ökologisches Problem, sondern immer auch eine Klassenfrage.

Eine der vielen Tragödien der ökologischen und sozialen Krise ist ja, dass der Kapitalismus Arme auf der ganzen Welt dazu zwingt, gegen ihre Interessen zu kämpfen oder ihre eigenen Lebensgrundlagen, ihre Gesundheit und eben auch Umwelt und Klima zu zerstören. Das habe ich bei meinen Recherchen in den Ländern des Südens so oft erlebt: Menschen, denen das Land geraubt wurde oder denen der Klimawandel die Lebensgrundlagen zerstört hatte, waren nun gezwungen, in Palmölplantagen, Textilfabriken oder in Minen zu arbeiten, um billige Produkte und Rohstoffe für den Export in die reichen Länder bereitzustellen. Erpresserische Handelsabkommen und »Strukturanpassungsprogramme«, die Gemeingüter und Daseinsvorsorge ruiniert haben, verschärften diesen Zwang. Aber auch in den reichen Ländern sind Arme und prekär Beschäftigte, weil die Regierungen den Sozialstaat um- und abgebaut haben, dazu gezwungen, zerstörerische Billigprodukte zu kaufen, ob sie das nun wollen oder nicht.

Das sind die bitteren Konsequenzen, wenn man meint, die soziale von der ökologischen Frage abkoppeln zu können. Dann bleiben Umwelt- und Klimaschutz ein hübsches Hobby für Besserverdienende, die damit den Hass derjenigen auf sich ziehen, die schon abgehängt oder vom Abstieg bedroht sind. Es ist ja kein Zufall, dass in Deutschland einzig die AfD, die sich zum Anwalt der Enttäuschten und Verbitterten stilisiert, den menschengemachten Klimawandel leugnet.

Hambacher Forst: Klimaschutz versus Arbeitsplätze
Aber nicht nur die AfD macht sich diese Spaltung zunutze. »Umwelt- und Klimaschutz waren uns manchmal wichtiger als der Erhalt unserer Industriearbeitsplätze«, schrieb Sigmar Gabriel, damals Außenminister, im Dezember 2017 in einem Gastbeitrag für den *Spiegel*.[18] Ich frage mich, wann das nun wieder gewesen sein soll. Denn es waren ja weder Umwelt- noch Klimapolitik, die hierzulande für prekäre Arbeit gesorgt hätten, für mehr als sieben Millionen Hartz-IV-Empfängerinnen und -empfänger und

eine verfestigte Armut. Es waren die neoliberale Politik der rot-grünen Bundesregierung, ihre Agenda 2010, großzügige Steuergeschenke für Reiche und Unternehmen, die Lockerung des Kündigungsschutzes und die Rentenreform, die bewirkt haben, dass Deutschland heute so dramatisch zwischen arm und reich gespalten ist wie zuletzt zur Kaiserzeit.[19] Obendrein hat Rot-Grün die Privatisierung öffentlicher Unternehmen weiter vorangetrieben. Während Konzernvorstände und Großaktionäre in der Folge riesige Vermögen anhäufen konnten, sanken Löhne und Gehälter, verschlechterte sich die Versorgung der Bürgerinnen und Bürger und verloren Hunderttausende ihre Arbeit. Umso merkwürdiger ist es, dass sich ausgerechnet die SPD nun als 1Retterin der Kohle-Beschäftigten inszeniert.

»Ich komme aus einem Industrieland. Und ich weiß, dass man Arbeit und Umwelt nicht gegeneinander ausspielen darf«, sagte Svenja Schulze (SPD) bei ihrem Antritt als Umweltministerin im März 2018. Schulze ist Mitglied in der Industriegewerkschaft Bergbau, Chemie und Energie (IG BCE), die mit harten Bandagen für den Erhalt der Kohle kämpft. Für eine »Blutgrätsche gegen die Braunkohle« stehe die SPD nicht zur Verfügung, trompetete die damalige Arbeitsministerin Andrea Nahles: An der Kohle hingen »Lebensläufe und ganze Regionen«. Das ist allerdings übertrieben: Der Anteil der direkt im Braunkohlesektor Beschäftigten an allen sozialversicherungspflichtigen Jobs liegt in Deutschland bei gerade einmal 0,06 Prozent. Selbst in Braunkohleregionen liegt die Beschäftigungsquote bei mageren 0,32 Prozent.[20] Zieht man diejenigen ab, die Tagebaue sanieren, Beschäftigte in Altersteilzeit, die nicht mehr in Energieunternehmen arbeiten, und Auszubildende, die noch gar nicht übernommen sind, handelt es sich um weniger als 20 000 Arbeitsplätze. Dem gegenüber stehen mehr als 300 000 Arbeitsplätze in der Erneuerbaren Energie. Dort aber gingen rund 80 000 Jobs verloren, nachdem Peter Altmaier (CDU) als Umweltminister die Solarförderung drastisch gekürzt hatte. Und allein die Privatisierung der Bahn, die unter Rot-Grün weiter vorangetrieben wurde, sorgte für den Abbau von 350 000 umwelt- und klimafreundlichen, gesellschaftlich relevanten, sinnhaften und gut bezahlten Arbeitsplätzen im öffentlichen Nahverkehr, bei der Bahn und bei der Bahntechnik.[21] Einen Aufschrei wie jetzt bei der Kohle gab es damals nicht.

Niemand soll beim Kohleausstieg verlieren, das ist gar keine Frage. Nun hat aber gerade die SPD den sozialverträglichen Kohleausstieg behindert. Die Partei, die in den Kohle-Bundesländern regiert oder mitregiert hat, hat stets ihre schützende Hand über die Industrie gehalten. Gerade in Nordrhein-Westfalen steht sie an der Seite von Kohlekumpels und Gewerkschaften wie der IG BCE. Die ehemalige Ministerpräsidentin Hannelore Kraft, heute im Aufsichtsrat des Steinkohle-Konzerns RAG, gilt als Bremserin der Energiewende zugunsten der Kohle, einen kompletten Kohleausstieg »in absehbarer Zeit« lehnte sie stets ab. Sie war es auch, die, gemeinsam mit der Industrie, der IG BCE und Ver.di, den damaligen Wirtschaftsminister Sigmar Gabriel unter Druck setzte, die von ihm geforderte Klimaabgabe für alte Braunkohle-Meiler in ein Subventionsprogramm für die Energieriesen umzuwandeln.[22] Aus der sogenannten Kohle-Reserve erhielten Energiekonzerne Millionen Euro dafür, dass sie acht Kraftwerksblöcke vom Netz nehmen und vier Jahre als »Sicherheitsreserve« bereit halten, um Schwankungen beim Strom aus Wind und Sonne auszugleichen. Einspringen mussten die stillgelegten Kohlemeiler deswegen noch nie.[23]

Die Konstruktion von Umweltschutz und Arbeitsplätzen als Gegensatz ist ein Narrativ, das jede Veränderung bremst. Das wurde auch bei den Protesten im Hambacher Forst deutlich: Kaum hatte das Gericht im Oktober 2018 den Rodungsstopp verhängt, drohte RWE mit Stellenabbau. Zuvor war der Energiekonzern mit roher Gewalt gegen die Besetzerinnen und Besetzer des Hambacher Forsts vorgegangen. Mitarbeiter eines von RWE beauftragten Sicherheitsdienstes prügelten kurz vor der Entscheidung des Gerichts auf Aktivisten ein. Knappe drei Wochen später marschierten Mitglieder der IG BCE und RWE-Mitarbeiter vor dem Haus von Antje Grothus auf. Die 54-Jährige saß in der Kohlekommission der Bundesregierung und hat den Verein Buirer für Buir mitbegründet, der für den Rodungsstopp gekämpft hat. Für Walter Butterweck, den Betriebsratsvorsitzenden der RWE Power Energie, ist die Aktivistin sogar »der Arbeitsplatzfeind Nr. 1«. Bei einem der »Spaziergänge« (Pegida lässt grüßen) der IG BCE trug Butterweck ein riesiges Plakat umher, auf dem diese Worte unter einem Foto von Antje Grothus zu lesen waren. Die Protestierenden brüllten: »Grothus raus« und hämmerten gegen deren Küchenfenster. »Wir wollten zeigen, dass es nicht nur um Bäume geht, sondern um Menschen und deren Familien, die ganz konkret von Arbeitsplatzverlusten bedroht sind«, verkündete RWE anschließend via Twitter und gab damit zu Protokoll, mit dem Vorgang vor Grothus' Haus einverstanden zu sein. Klar, denn RWE profitiert immens von diesem inszenierten Krieg, in dem die Frontlinie scheinbar zwischen Klimaschützern und RWE-Beschäftigten verläuft. Je länger die abgeschriebenen RWE-Kraftwerke laufen, desto mehr klingelt bei RWE die Kasse. Aber es ging ja nie nur um Bäume oder Fledermäuse, sondern immer auch um Tausende

Menschen in der Region, die von Gesundheitsgefahren durch den offenen Kohleabbau sowie Enteignung und Existenzverlust durch den Abriss ganzer Ortschaften betroffen sind.

Schützenhilfe für RWE und Co. kam abermals aus der Politik. Mitglieder der SPD Niederzier riefen zum Widerstand gegen die Proteste vom Aktionsbündnis Ende Gelände auf und verunglimpften dieses als »Ökomob«. SPD-Politiker, Bundes- und Landtagsabgeordnete, Bürgermeister sowie Mitglieder des DGB und der IG Metall unterzeichneten den sogenannten Revier-Appell der IG BCE, der vor einem »überhasteten, unkontrollierten Ausstieg aus der Kohle« warnte.[24] Als Mitglieder von RWE, IG BCE und Ver.di in der Region gemeinsam für den Erhalt der Kohle protestierten, nahmen auch SPD, CDU und die AfD teil. Bei der Abschlusskundgebung sagte Nordrhein-Westfalens Ministerpräsident Armin Laschet (CDU): »Nicht nur die, die Polizisten angreifen, bestimmen das Klima in unserem Land, sondern auch anständige Leute, die jeden Tag zur Arbeit gehen und unseren Wohlstand erarbeiten.«[25] Was für eine reaktionäre und autoritäre Beleidigung und Kriminalisierung derer, die zu Zehntausenden wochen- und monatelang ihr demokratisches Recht wahrnahmen und friedlich für den Erhalt des Hambacher Forsts und den Kohleausstieg auf die Straße gingen (und, ganz nebenbei, natürlich auch zur Arbeit). So hetzen Politik und Konzerne Seit' an Seit' Umweltaktivisten und Arbeiterinnen und Arbeiter gegeneinander auf.

Von der Konstruktion falscher Feindbilder profitieren aber am wenigsten die Beschäftigten: Ihr Feind ist ja nicht die Klimaschutzbewegung, sondern diejenigen, die eine sozial und ökologisch gerechte Transformation verhindern und sich Privilegien sichern.

Umweltschutz für Besserverdienende

Während einerseits linke und soziale Bewegungen und ihre Parteien lange die ökologische zugunsten der sozialen Frage vernachlässigten, war es umgekehrt die Ökobewegung, die den Umweltschutz getrennt von sozialer Gerechtigkeit in den Fokus nahm. Umweltschutz lässt sich mühelos in den Kapitalismus integrieren, wenn Fragen der Macht-, Klassen- und Eigentumsverhältnisse davon abgekoppelt werden. Er wird dann zu einem Privatanliegen, einem moralischen Pragmatismus, der es dem Einzelnen überantwortet, sein individuelles Verhalten nach Gusto daran auszurichten. Wir können Müll trennen (oder nicht), Recyclingprodukte verwenden oder Plastik vermeiden, stromsparende Geräte oder Bio-Produkte kaufen, mehr Fahrrad fahren oder ein Elektroauto – oder in Ökoressorts am anderen Ende der Welt fliegen und das ausgestoßene CO_2 freiwillig »kompensieren«. Anders als zum Beispiel hohe Löhne und die Einhaltung von Menschenrechten können Umwelt- und Naturschutz für Konzerne profitabel sein, lassen sie sich doch in »grüne« Produkte umwandeln, die an eine besserverdienende Zielgruppe vermarktet werden können.

So ist es nicht sehr überraschend, wenn es in den reichen Ländern des globalen Nordens vor allem weiße Mittelschichtler sind, die sich in der Ökobewegung engagieren oder überhaupt ein Umweltbewusstsein besitzen – und, wie in Deutschland, grün wählen. Mehr als die Hälfte der Wählerinnen und Wähler der Grünen hat Abitur, fast ein Drittel verfügt über ein mittleres oder höheres Einkommen, viele leben in Großstädten.[26]

Zwar stehen die Grünen wie keine andere Partei für Umwelt- und Klimaschutz. Das brachte ihnen bei den vergangenen Wahlen viele Stimmen ein, auch die von jungen und Erstwählerinnen und -wählern, die sich um das Klima Sorgen machen und keine befriedigenden Antworten bei anderen Parteien fanden.

Auf der anderen Seite aber hat das gesellschaftliche Milieu, das grün wählt, nicht nur höhere Einkommen, die beste Bildung und das höchste Umweltbewusstsein – sondern auch den höchsten Ressourcenverbrauch. »Klimabesorgte Klimasünder« nennt das Umweltbundesamt solche Leute, die vermögend und gebildet sind, grüne Produkte und Dienstleistungen kaufen, ansonsten aber einen verschwenderischen Lebensstil pflegen, häufige Fernreisen inklusive.

Als der grüne Bundestagsabgeordnete Dieter Janecek befand, dass »die Lustfliegerei« eingedämmt werden müsse, machte er einen Vorschlag: Jeder Bürger bekäme ein begrenztes Budget an Flugreisen, nämlich drei Auslandsflüge pro Jahr (was sich, nebenbei, ohnehin nur Gutsituierte leisten können). Jeder weitere Flug koste Strafgebühren. Damit stieß Janecek auf heftigen Widerstand. Und zwar vor allem bei seinen Parteikollegen. Die fliegen nicht nur selbst gerne und öfter als die Politiker anderer Parteien – unter den deutschen Vielfliegern befinden sich auch überdurchschnittlich viele Anhängerinnen und Anhänger der Grünen. 66 Prozent der Grünenwählerinnen und -wähler geben an, an »abgelegenen Orten Urlaub« zu machen. Wohingegen 95 Prozent der Menschen, die auf diesem Planeten leben, noch nie ein Flugzeug bestiegen haben, aber unter den Folgen des Klimawandels leiden, zu dem die Vielfliegerei eines winzigen Teils der Weltbevölkerung heftig beiträgt. Nun kann man sich über diesen Widerspruch, ein derartiges Privileg zu verteidigen, empören oder lustig machen, und tatsächlich erfahren die Grünen deshalb auch viel Häme. Viel wichtiger aber ist die politische Dimension: Zwar stehen die Grünen für Umwelt- und Klimaschutz, de facto aber gehören sie zu denen, die an genau jenem System festhalten, das für all die Zerstörungen verantwortlich ist. Am Kapitalismus wollen die Grünen schließlich nicht rütteln, sie wollen ihn nur regulieren und begrünen. Das Zauberwort heißt grünes Wachstum.

Systemerhalt in Grün

Also setzen die Grünen vor allem auf technische Lösungen und monetäre Anreize, die umweltschädliches Konsumieren und Produzieren teurer machen sollen. Auf eine Plastiksteuer auf Wegwerfprodukte etwa, auf die Förderung umweltfreundlicher Technologien, emissionsfreie Antriebe wie das Elektroauto, oder auf »ökologisch ehrliche Preise« von Produkten und Dienstleistungen. Lauter Klein-Klein, das am Wachstumszwang nicht rüttelt. Des Weiteren wollen die Grünen die Schuldenbremse lockern, um Geld für umweltfreundliche Investitionen frei zu machen. Sie setzen darauf, dass Deutschland »Vorreiter beim Klimaschutz« wird. Diesen frommen Wunsch haben auch schon Angela Merkel, McKinsey, der Verband der Automobilindustrie und der Bundesverband der deutschen Industrie geäußert.

Neuerdings haben die Grünen auch ihr Herz für das Soziale entdeckt (»Mit Herz für Gerechtigkeit«). Das bedeutet aber nicht die Abschaffung des menschenverachtenden Systems Hartz IV, das sie mitzuverantworten haben, oder das Ende von Minijobs oder Leiharbeit, sondern deren Reform. Die Grünen fordern gleichen Lohn für gleiche Arbeit und mehr Mitbestimmung der Beschäftigten, etwa im Aufsichtsrat. Sie wollen Immobilienspekulationen besteuern, befürworten eine Vermögensteuer, jedenfalls für Superreiche, und ziehen eine Reform der Erbschaftssteuer zumindest in Betracht.[27]

Zwar führen die Grünen, insbesondere Robert Habeck, gerne das Wort »radikal« im Mund. Wie wenig radikal die Grünen in Wahrheit sind, das wird besonders deutlich, wenn sie zu tatsächlich radikalen Forderungen Stellung beziehen. Vor allem dann, wenn es um Eigentumsverhältnisse geht.

In Berlin taten die Grünen sich schwer, eine Position zur progressiven Bewegung Deutsche Wohnen & Co enteignen zu finden. Immobilienkonzerne wie die Deutsche Wohnen AG, 1998 von der Deutschen Bank gegründet und im Jahr darauf börsennotiert, kauften Wohnungen auf, die zuvor städtisch waren, ziehen riesige Gewinne aus systematischen Mietsteigerungen und schütten auf Kosten der Mieterinnen und Mieter dann üppige Dividenden an ihre Aktionäre aus. Zwar begrüßten die Grünen die Ziele des Volksbegehrens, Wohnen bezahlbar zu machen, riefen aber nicht aktiv zu dessen Unterstützung auf. In einem Leitantrag des grünen Bundesvorstands für den Parteitag in Bielefeld hieß es: »Wir wollen Enteignungen nur als letztes Mittel anwenden, wenn es zu einem groben Missbrauch des Eigentumsrechts kommt.« Genau das steht jedoch, mehr oder weniger, schon im Grundgesetz und ist bereits jetzt theoretisch möglich. Nichts anderes fordert ja die Berliner Bewegung. Auf dem Bielefelder Parteitag nannte Robert Habeck diesen Antrag einen »krassen Eingriff in die Eigentumsverhältnisse«. Der Antrag wurde abgelehnt: Es solle allenfalls dann Enteignungen geben können, wenn zum Beispiel Bauland wegen der Spekulation auf weiter steigende Preise nicht schnell genug bebaut werde.

Als der Juso-Vorsitzende Kevin Kühnert mit seinem Vorschlag Furore machte, Großkonzerne wie etwa BMW zu kollektivieren (eine alte Gewerkschaftsforderung, die noch heute besteht) und den Privatbesitz von Immobilien einzuschränken, erntete er nicht zuletzt von den Grünen heftigen Widerspruch. Mit kalter Herablassung reagierte beispielsweise Sven Giegold, grüner Europapolitiker, der sich mit seiner Finanzmarktkritik den Anschein des Antikapitalisten gibt, den Kapitalismus aber für »wandelbar« hält: »Wir haben noch zwölf Jahre Zeit, um die Emissionen zu senken«, sagte er; es gehe darum, »ob unsere Kinder überhaupt noch über die Zukunft verschiedener Wirtschaftssysteme auf diesem Planeten« reden könnten. Allenfalls danach könne man »in Oberseminaren« über die Zukunft des Kapitalismus reden. Als ob man das voneinander trennen könnte. Als ob das nicht genau jene Fragen wären, mit denen wir uns jetzt beschäftigen müssen. Als ob der Kapitalismus nur ein Wirtschafts- und kein Herrschaftssystem wäre.

Für sich genommen mögen manche Vorschläge der Grünen progressiv klingen. Besonders solche, die von der Basis kommen. Letztlich setzt sich aber immer ein Kurs durch, der systemkonform und koalitionskompatibel ist – in den letzten Jahren auch gerne mit der Union. So wäre für Ludwig Hartmann, den grünen Spitzenkandidaten bei der bayerischen Landtagswahl, eine schwarz-grüne Koalition »das Beste aus beiden Welten, Ökonomie und Ökologie« gewesen. Österreich macht es mit der türkis-grünen Regierung gerade vor. Und Robert Habeck ermahnte beim Bielefelder Parteitag seine Kollegen, sich »nicht mit völlig utopischen Vorstellungen« ins Abseits zu stellen. In der Politik gehe es darum, so viel zu fordern, wie umsetzbar sei. Da ist er schon ganz Bundeskanzler und würdiger Amtsnachfolger von Angela Merkel, deren Credo lautet: »Politik ist das, was möglich ist«.

Können wir denn nun mit den Grünen die Hoffnung auf eine fundamentale ökologisch-soziale Transformation verbinden? Ihre Politik dort, wo sie in Regierungsverantwortung sind, lässt darauf nicht hoffen. In Hessen konnten die Grünen weder den Ausbau des Flughafens stoppen noch das Nachtflugverbot ausweiten oder Lärmobergrenzen flächendeckend durchsetzen. Im grün-schwarz regierten Baden-Württemberg wird Stuttgart 21 gebaut, obwohl erst der Protest gegen den neuen Durchgangsbahnhof die Partei nach oben gebracht hatte.[28] Am besonders luftverschmutzten Daimler-Standort Stuttgart musste ein Gericht Fahrverbote gegen Stadt und Land durchsetzen; denn auch der grüne Ministerpräsident Winfried Kretschmann hielt seine schützende Hand über die Autoindustrie.

Einmal nahm ich teil an einer Podiumsdiskussion mit dem Titel »Konsumverzicht und Ressourceneffizienz: Wo liegt eine nachhaltige und lebenswerte Zukunft in einer globalisierten Welt?«, die die baden-württembergische Landesvertretung in Berlin organisiert hatte. Entsprechend viele Grüne waren zu Gast. Zu den Diskutanten gehörte auch Reinhard Bütikofer. Der grüne EU-Politiker sprach vom »Gestalten«, von »individueller Emanzipation« und Freiheit – im Gegensatz zum Verbieten, das er mit »Schwarzer Pädagogik« verglich. Ich stellte dem entgegen, dass die gegenwärtige Politik am Status quo festhalte und ein Freiheitsrecht für die einen auf Kosten anderer etabliere. Dass es falsch sei, von Verzicht zu reden, sondern dass wir schlicht kein Recht auf Dinge hätten, wenn sie anderen Schaden zufügten. Dass es wiederum für andere ein Freiheitsgewinn wäre, wenn, nur zum Beispiel, die SUVs von der Straße verschwänden, die es unmöglich machen, sich frei in der Stadt zu bewegen.

Seine Antwort: »Ich weiß nicht, wo man landet, wenn man aufzählt, was man in diesem Land alles verbieten will«, das sei eine »ökodiktatorische Sackgasse«. Er finde, »es wäre viel intelligenter, wir würden ein paar Funktionsmechanismen unserer Marktwirtschaft so beeinflussen, dass ökologische Transformationsprozesse angetrieben werden. Ein CO_2-Preis, der angemessen hoch ist, sorgt schon mal dafür, dass bestimmte Autos aus dem Gebrauch kommen.« Man müsse Verbraucher in die Lage versetzen, umweltfreundliche Produkte rasch zu erkennen und auszuwählen. Er finde marktwirtschaftliche Mechanismen viel »sympathischer«.

Ich hielt dagegen, dass wir es mit Marktmechanismen ja lange genug versucht hätten, gerade aber der Emissionshandel gescheitert sei. Und dass ich es lähmend fände, wenn man jegliche Forderung, etwas ganz anders zu machen, als Ökodiktatur bezeichnete. »Dumme Polemik«, empörte sich darauf Reinhard Bütikofer; er verbitte es sich, von mir derart denunziert zu werden. Die Diskussion war noch nicht zu Ende, da erhob sich ein Mann aus der ersten Reihe und rief, dass er jetzt das Schlusswort halten müsse, denn: »Ich muss noch meinen Flug erwischen.«

Es war der baden-württembergische grüne Landtagsabgeordnete Franz Untersteller. Eine hübsche Pointe in dieser kuriosen Debatte. Zur Freiheit, hob er dann an, gehöre auch Verantwortung, und die habe jeder Konsument. »Auch das mal zur SUV-Debatte.« Ob es etwa die Aufgabe der Politik sei, den Leuten vorzuschreiben, ob sie Auto fahren oder nicht oder was für ein Auto sie fahren. Es gebe in Baden-Württemberg »ein Produkt, von dem 440 000 Leute leben. Das heißt Auto«, wetterte er in meine Richtung. »Da können Sie ruhig drüber schmunzeln, Sie leben ja nicht davon. Aber es gibt da Familien, die davon leben.« Er wünsche sich »ein bisschen mehr Respekt für das, was die Politik macht, andernfalls werden Sie erleben, dass der Populismus um sich greift«. So klingt sie dann, die grüne »Weltoffenheit«, wenn jemand es wagt, ihr privilegiertes Freiheitsverständnis infrage zu stellen.[29]

Trotz ihrer Flexibilität ist es den Grünen gelungen, den Mythos der »Anti-Partei« zu konservieren, die für einen Politikwechsel steht. Aber gerade ihre Anpassung an den Status quo hat sie für konservative Wähler attraktiv gemacht. Sie werden nicht trotz, sondern wegen der Widersprüche gewählt. Denn sie versprechen, alles zu ändern, damit alles bleiben kann, wie es ist. Es sind ja gerade grüne Hedonisten, die sich für pragmatische, marktbasierte und technische Weltrettungsideen besonders begeistern. Sie hören auch am liebsten, dass westlicher Wohlstand, wie sie ihn kennen, trotz schwindender Ressourcen möglich sei.

So aber blockieren sie die ökosoziale Wende, die wir brauchen. Auch deshalb, weil sie Teil der Machtstrukturen sind oder von ihnen profitieren. Zum einen, weil gerade Besserverdienende ja oft in Branchen arbeiten, die alles andere als ökosozial sind: Banken, Investmentfirmen, Großkonzerne, Unternehmensberatungen, Wirtschaftskanzleien, Immobilienfirmen, PR oder Werbung. Eine Art von Arbeit, die die Machtverhältnisse stärkt und die Gefährdung unserer natürlichen Lebensgrundlagen wiederum vorantreibt. Zum anderen sind es aber auch diejenigen, die sich am besten artikulieren können, die sich selbstbewusst zu Initiativen zusammenschließen, um ihre Interessen zu vertreten – wie bei der Markthalle Neun –, die sich ihrer politischen und demokratischen Rechte bewusst sind und deren Stimme wahrgenommen wird.

Die Fridays-for-Future-Bewegung hat von ihren Gegnern deshalb auch viel Häme erfahren. Einige warfen ihr vor, aus verwöhnten Mittelschichtskids zu bestehen, die elitär und abgehoben seien, im Wohlstand schwelgten und sich von den Eltern mit dem SUV zur Schule fahren ließen, die sie freitags fürs Klima schwänzten. Tatsächlich wird die Bewegung vor allem von gut gebildeten Jugendlichen getragen. Laut einer Studie des Instituts für Protestforschung, das die Bewegung in elf europäischen Ländern befragte, fühlten sich 70 Prozent der Mittelschicht zugehörig, drei Prozent der Oberschicht. Nur fünf Prozent gehören der Arbeiterklasse an, nicht einmal ein Prozent hat einen Hauptschulabschluss, 17 Prozent haben einen Migrationshintergrund.[30] Meist seien die Eltern Akademiker – das mag auch ein Grund dafür sein, dass sich die Bewegung so explizit auf die Wissenschaft bezieht und sich der Unterstützung von Akademikern sicher sein kann.

Andererseits aber hat sich in weiten Teilen der Fridays-for-Future-Bewegung längst ein kapitalismuskritisches Verständnis dafür entwickelt, dass die Forderung nach Klimagerechtigkeit mit der nach sozialer Gerechtigkeit verbunden werden muss. Fridays for Future solidarisieren sich auch mit dem Kampf gegen rechts und engagieren sich an der Seite der antikapitalistischen Bewegung Ende Gelände.

Damit haben die Fridays for Future einen großen Schritt nach vorne getan. Denn die wichtigste Frage angesichts der Krise ist ja diese: Wie kann man mit den Klimaprotesten über die Theorie hinaus soziale und ökologische Fragen miteinander verbinden?

»Manche Leute sagen, dass die Klimakrise etwas ist, das wir alle erschaffen haben. Doch wenn jeder schuldig ist, ist niemand verantwortlich. Aber es gibt Verantwortliche: Unternehmen und Entscheidungsträger, die genau wussten, welche unbezahlbaren Dinge sie opfern, um unvorstellbaren Reichtum anzuhäufen.«

Greta Thunberg

III. WELTRETTUNG, HAUSGEMACHT

Warum uns persönlicher Verzicht allein nicht helfen wird – und auch kaum stattfindet

Ich weiß nicht, ob Fredi noch lebt. Als ich den Ortsvorsteher einer kleinen Gemeinde nahe der Stadt El Progreso traf, litten die Menschen in diesem Ort unter einem der zahllosen Landkonflikte, die in Honduras schwelten und immer noch schwelen. Der korrupte Bürgermeister wollte die Wasserquelle, von der jeder und jede in El Progreso abhängig ist, an ein Unternehmen verkaufen; Fredi hatte sich gegen den Bürgermeister gestellt. Jede Woche erkundigten seine Freunde sich in der Polizeistation, ob ein Haftbefehl gegen ihn vorliege, damit sie ihn nötigenfalls verstecken konnten. Sie wussten nur zu genau, was in diesem von einer gewalttätigen Clique regierten mittelamerikanischen Land passieren konnte, wenn sich die Menschen wehrten: In Fredis Gemeinde wurde deshalb ein Familienvater zu nachtschlafender Zeit aus dem Bett gezerrt und vor seiner Haustür mit vierzig Schüssen umgebracht.

Nirgendwo auf der Welt werden so viele Aktivisten ermordet wie in Honduras – mindestens 120 seit 2010.

In nur einer Woche hörte ich damals erschütternd viele entsetzliche Geschichten und habe doch so viele Menschen getroffen, die trotz allem nie den Mut verloren, weiter gegen die Zerstörung ihrer Lebensgrundlagen zu kämpfen.[31] Sei es gegen Goldminen, in denen Zyanid versprüht wird, gegen Staudämme oder gegen riesige Solaranlagen, deretwegen Bäuerinnen und Bauern von ihrem fruchtbaren Land vertrieben werden.

Ich weiß auch nicht, wie es Arti geht. Sie kam damals mit ihren fünf Kindern bei ihren bettelarmen Eltern unter, als ihr Mann von den Wachleuten einer Palmölfirma totgeschlagen worden war. Diese hatte illegal den Wald der Gemeinde auf Sumatra zerstört, um darauf Monokulturen zu errichten. Und ob die Indigenen, zu denen mich ein Aktivist geschmuggelt hat, noch immer, in notdürftigen Bretterverschlägen ausharrend, ihr gestohlenes Land in der Palmölplantage besetzen.[32]

Ich weiß aber, dass drei der Graswurzelaktivisten, die ich während meiner Recherchen kennengelernt hatte, bereits tot sind.

Der indonesische Aktivist Jopi, der ein Buch über Korruption im Palmölgeschäft geschrieben hatte, wurde erstochen.

In Bangladesch wurde der Kleinbauernführer Abdul Karim in einen Hinterhalt gelockt, wo ihm im Auftrag lokaler Eliten die Kehle durchschnitten wurde.

Der Regenwaldkämpfer Nordin starb kurz nach den verheerenden Waldbränden in seiner Heimat Borneo; die vielen Feuer hatten ihn und seinen jüngsten Sohn krank gemacht.

Dies sind keine Einzelfälle. Sondern Schicksale, die zum Alltag in den Ländern des Südens gehören. Nirgendwo sieht man deutlicher, dass Gewalt gegen die Natur immer auch Gewalt gegen Menschen ist. Wenn ich allerdings bei meinen Vorträgen und Lesungen und in Interviews mit Journalistinnen und

Journalisten davon erzähle, bekomme ich immer häufiger als Erstes diese Frage gestellt: »Wie vereinbaren Sie es eigentlich mit Ihrem Gewissen, dass Sie mit dem Flugzeug dorthin geflogen sind?«

Diesen Vorwurf finde ich bizarr, schließlich fliege ich ja nicht zum Yoga-Retreat nach Thailand oder zum Kite-Surfen nach Kalifornien, sondern auf die Rückseite der Welt. An Orte, an die sich kein Tourist je verirrt, wo die Rohstoffe für unsere Produkte herstammen und wo die Menschen schon viel stärker unter der ökologischen Krise leiden als wir im globalen Norden. An ihnen wird sichtbar, wie wenig sich diese ökologische Krise von der sozialen trennen lässt.

Befremdlich finde ich die Frage aber vor allem deshalb, weil sie zeigt, wie sehr sich die Vorstellung durchgesetzt hat, dass die Welt vor allem mit individuellen Konsumentscheidungen gerettet werden könnte. Als seien diese den Kämpfen im Süden oder auf der Straße ebenbürtig oder sogar noch stärker. Aber der Glaube an die individuelle »Verbrauchermacht« ist keine politische Strategie, sondern eine pragmatische und individuelle, die alle Macht- und Verteilungsfragen ausblendet.

Die Forderung nach dem individuellen Verzicht – nur zum Beispiel auf (zweifelsohne schädliche) Flugreisen – werden gleichzeitig mit den Protesten gegen die unzureichende Klimapolitik immer lauter. Das ist ja auch nur zu verständlich, schließlich ist die Produktions-, Konsum- und Lebensweise der Gesellschaften in den reichen Ländern des Nordens untrennbar verbunden mit dem Klimawandel und der Zerstörung in den Ländern des Südens, wohin die Folgen ausgelagert werden. Die Bereitschaft zum »Weniger« und dazu, ein System zu akzeptieren und zu fordern, das nicht auf Zerstörung basiert, ist fundamental wichtig, keine Frage. Dazu gehört es auch, Lebensstile einzuüben, die weniger schädlich sind, und die Selbstverständlichkeit des Massenkonsums infrage zu stellen. Und natürlich kann Verzicht auf Schädliches auch eine Form der Solidarität sein, weil man schlicht nicht Teil der Zerstörung sein will.

Auf der anderen Seite aber offenbart der Glaube an die Macht des individuellen Verzichts auch eine nachgerade narzisstische Selbstüberschätzung. Sie ist, darf vermutet werden, ein Produkt der permanenten Gehirnwäsche von der vielbeschworenen »Macht des Konsumenten« und des unschätzbaren Beitrags, den »der Einzelne« leisten könnte, wenn er nur wollte. Jedoch: Will er ja gar nicht. Nicht wirklich.

Konsumexzess wider besseres Wissen

Dabei mangelt es nicht an Informationen über die Kollateralschäden des Konsumismus: über Mikroplastik, das die Meere zerstört, über Palmöl und Futtersoja, das den Regenwald ruiniert, über die skandalösen Arbeitsbedingungen in den Textilfabriken oder in den Minen, aus denen die Rohstoffe für Unterhaltungselektronik, Smartphones, Tablets und Autos kommen. Aber die Studie »Umweltbewusstsein in Deutschland« des Bundesumweltministeriums belegte schon 2016, dass zwischen dem theoretischen Umweltbewusstsein der Deutschen und der praktischen Bereitschaft zur Lebensstiländerung eine gewaltige Lücke klafft:[33] So geben zum Beispiel 92 Prozent der Befragten an, sie hielten die Überfischung der Meere für ein großes bis sehr großes Problem, aber nur 37 Prozent sind bereit, ihren Fischkonsum zu reduzieren. Und ob sie den Schritt von der Bereitschaft hin zum realen Verzicht je gehen: Zweifel sind angebracht.

Verschiedene Studien haben gezeigt, dass mit höherer Bildung und höherem Einkommen der Ressourcenverbrauch zunimmt, und »dass ein hohes Umwelt- und Klimabewusstsein und ein emissionsaufwendiger Lebensstil sich empirisch keineswegs ausschließen«, wie der Politologe Ingolfur Blühdorn schreibt.[34]

Schlimmer noch ist, dass parallel zu den weltweiten Klimaprotesten der Luxuskonsum fröhliche Urständ feiert. Die Zahl der Flugpassagiere sinkt trotz (rein fiktionaler) »Flugscham« nicht, im Gegenteil: Sie steigt rasant. Bis 2040 erwartet das Deutsche Zentrum für Luft- und Raumfahrt, dass sich die Zahl von derzeit über vier Milliarden Fluggästen weltweit auf mehr als neun Milliarden verdoppeln wird. Immer mehr Menschen gehen auf Kreuzfahrt, entsprechend mehr umweltschädliche Riesenschiffe stechen in See. Die Zahl der Neuanmeldungen von SUVs, jenen monströsen Karossen, die quasi zum Symbol der Klimazerstörung wurden, knackte in Deutschland 2019 die Millionenmarke. Obwohl die Zahl der Veganerinnen und Vegetarier erfreulich gestiegen ist, kommt bei neunzig Prozent der Deutschen nach wie vor Fleisch auf den Tisch, bei den meisten sogar täglich, allen Appellen für den Schutz von Umwelt, Klima und der eigenen Gesundheit zum Trotz. »Hier offenbart sich die Lebenslüge einer Gesellschaft, deren Mehrheit meint, sie sei klimakompetent, aber lebt wie ökologische Vandalen«, sagt der Postwachstums-Ökonom Niko Paech. Hier offenbart sich womöglich auch das Wissen um die sozial erwünschten Antworten auf Interviewfragen und die Bereitschaft der meisten, mit kognitiven Dissonanzen zu leben: Wir werden alle sterben! Dann lass' uns mal tüchtig Party feiern.

Diesen Widersprüchen legen kritische Soziologinnen und Soziologen unterschiedliche Theorien zugrunde: Hat sich der

Kapitalismus schon so tief in die Seelen und Körper der Menschen gegraben, dass sich diese ihre Identität und das gute Leben gar nicht außerhalb des Marktes und des Konsums vorstellen können? Werden in unserer Gesellschaft Distinktion und Individualität so sehr belohnt, dass Selbstverwirklichung für die meisten ein rein individuelles Projekt geworden ist? Solche Fragen stellt der Soziologe Andreas Reckwitz in seinem Buch *Die Gesellschaft der Singularitäten*.[35]

Tatsache ist: Die Industrie hat das Bedürfnis nach einem ethischen Konsum dankbar aufgegriffen, sodass jeder Supermarkt heute eine ganze Palette grüner Wohlfühlprodukte anbietet und jeder Konsument und jede Konsumentin eine Nische finden, in der sie sich als verantwortungsbewusste Marktteilnehmer fühlen können. In Wahrheit ist für jene aber kaum überprüfbar, wie vorteilhaft oder schädlich ihre Kaufentscheidungen ökologisch tatsächlich sind. Dazu müssten alle Lebensphasen solcher Waren überprüft und verglichen werden: von der Rohstoffgewinnung über den Transport und die Produktion bis zur Lagerung und Entsorgung. Ob biologisch angebaute Tomaten mit weitem Transport einen größeren ökologischen Fußabdruck haben als konventionell angebaute Tomaten aus der eigenen Region, lässt sich so ohne Weiteres kaum beantworten.[36] Und es wäre auch eine Zumutung: Warum eigentlich soll sich jeder Einzelne zum Experten in verschiedensten menschenrechtlichen, physikalischen und ökonomischen Disziplinen machen? Warum können wir uns nicht darauf verlassen, dass die Produkte, die in den Warenhäusern stehen, ökologisch verträglich und sozialgerecht hergestellt wurden?

Deswegen ist es ja auch so problematisch, den Konsum als solchen, aber auch verschwenderischen und rücksichtslosen

Luxus zu moralisieren. Denn im Kapitalismus, der mit Wirtschaftswachstum untrennbar verbunden ist, scheint, und das ist die Kehrseite der Medaille, Verzicht schlicht nicht vorgesehen zu sein. Viel kaufen und viel wegwerfen, das gehört zum Motor unseres Wirtschaftssystems.

Zwar gibt es selbstverständlich kein Recht auf Produkte und Dienstleistungen, die anderen schaden. Aber abgesehen davon, dass ein massenhafter Konsumverzicht schon aus psychologischen Gründen niemals stattfinden wird: Es ist ja auch nahezu unmöglich, auf alles zu verzichten, was schädlich ist, weil die allermeisten Produkte, die wir täglich nutzen, mit Naturzerstörung und Menschenrechtsverletzungen verbunden sind. Man müsste dafür bei Avocados (hoher Wasserverbrauch) anfangen, bei Bekleidung (ausgebeutete Näherinnen) und Smartphones, Tablets und Fernsehern (Konfliktmineralien) weitermachen und bei elektrischen Zahnbürsten (Plastik, Strom) aufhören. Der Verzicht beträfe fast jedes Produkt, das in unserem Alltag selbstverständlich ist. Und vermutlich hätte selbst das global kaum wahrnehmbare Folgen.

Was wäre überhaupt das Ziel eines universalen Verzichts? Dass all das nicht mehr hergestellt würde, dass Reedereien, Markenfirmen und Flughäfen einfach dichtmachten? Wie wahrscheinlich ist das in einem System, in dem die Herstellung schädlicher Produkte und Dienstleistungen nicht nur legal ist, sondern politisch gewünscht, subventioniert und mit menschenverachtenden Handelsverträgen abgesichert? In dem Lobbyisten einen so großen Einfluss auf Regierungen haben, dass sie jedwede Ordnungspolitik verhindern können, die sie zum ökologisch und sozial gerechten Wirtschaften zwänge? Etwa die Pflicht, auch nur die Menschenrechte einzuhalten? In dem sich eine Regierung – Stichwort Dieselbetrug – hinter kriminelle Autofirmen stellt, statt die Bevölkerung zu schützen, eine Regierung, für die Verbote schädlicher Produkte tabu sind?

Ist es darüber hinaus nicht seltsam, dass ausgerechnet diese Regierung und milliardenschwere Konzerne die Schuld den sogenannten Verbrauchern (das Wort allein!) in die Schuhe schieben mit dem Hinweis, die würden das ja alles kaufen? Wie zum Beispiel Entwicklungsminister Gerd Müller (CSU), der behauptete: »Verbraucherinnen und Verbraucher haben es selbst in der Hand, sich für ein Produkt zu entscheiden, das unter menschenwürdigen Produktionsbedingungen, ökologisch und sozial vertretbar hergestellt wurde.« Der dann aber mit seinem Textilbündnis scheiterte, weil die Bekleidungsindustrie es so verwässert hat, dass sie weitermachen kann wie bisher und es derlei Entscheidungsmöglichkeiten für Käuferinnen und Käufer gar nicht geben kann?

Plastikfrei fliegen

Die Vorstellung, dass eine Änderung des persönlichen Lebensstils mehr Wirkung haben könnte als politisches Engagement, ist, aus den aufgezählten Gründen, auch einem Vertrauensverlust in die politischen Institutionen geschuldet. Man kann sie als Resignation verstehen: Wenn »die Politik« doch »nichts macht«, dann muss sich eben jeder selbst einschränken. »Was kann denn aber ich *als Einzelner* tun?« habe ich in Diskussionen über die Notwendigkeit von politischem Engagement mindestens ebenso oft gehört wie die Aufforderung »jeder muss bei sich selber anfangen«. Was klingt, als wären alle gleichermaßen schuld an der Zerstörung, als wäre diese nicht das Ergebnis ungleicher Machtverhältnisse, sondern eine Sache von Angebot und Nachfrage.

Natürlich ist niemand von der eigenen Verantwortung entbunden. Niemand ist gezwungen, dreimal im Jahr in den Urlaub zu fliegen. Die Überbetonung der Eigenverantwortung gegenüber gemeinsamem politischem Handeln ist allerdings auch eine Folge des Neoliberalismus und der Idee der sogenannten Konsumentendemokratie. In dieser verändern nicht Bürgerinnen und Bürger mit Widerstand und Protest die Politik, sondern begreifen Konsumenten ihre Geldscheine als Wahlzettel, mit denen sie an der Ladenkasse abstimmen. Aber aus vielen individuellen Einkaufs- oder Verzichtsentscheidungen wird nie ein großes Ganzes, sondern höchstens ein privates gutes Gewissen. In gleichem Maße, wie Teile der Gesellschaft – insbesondere Besserverdienende mit gehobenen Ansprüchen – in Verzichtsaufforderungen eine Bedrohung für ihr Lifestyle-Konzept sehen, führen individueller Konsum und Verzicht zur Überhöhung der individuellen Wirkungsmacht: zum persönlichen Ablasshandel.

»Plastikfrei fliegen« ist eine echte Herausforderung. Wer ab und an im Flieger sitzt, weiß das. Denn im Flugzeug produziert jeder Passagier innerhalb weniger Stunden unfassbar viel Plastikmüll. Selbst ein Schluck Wasser ist noch mal in einem verschweißten Plastikbecher auf dem Tablett. Deshalb gebe ich dir heute essenzielle Tipps mit auf den Weg, damit du ohne Plastik fliegen kannst.« So steht es in einem Blog, der bezeichnenderweise »Care Elite« heißt.[37] Natürlich entsteht auf einem Flug nicht bloß Plastikmüll, sondern vor allem jede Menge CO_2, 1,2 Tonnen etwa bei einem Flug in ein Feriengebiet am Mittelmeer. Diese Tatsache rückt in den Hintergrund, wenn die Autorin empfiehlt, bei einem Langstreckenflug daran zu denken, Stoffservietten und -taschentücher, Holzbesteck und eigene Tassen mitzubringen. Abgesehen davon, dass dadurch de facto vermutlich nicht ein einziges Gramm Plastik im Flugzeug einge-spart würde (es wird dann halt weggeworfen, nur eben von je-mand anderem), wiegt das nicht im Geringsten den ökologischen Schaden des Langstreckenflugs auf.

Bücher mit Tipps zur Vermeidung von Plastik bilden mittler-weile ein eigenes Genre innerhalb der Ratgeber-Literatur. Un-verpackt-Läden schießen wie Pilze aus dem Boden. Nur muss man sich den Distinktionsgewinn »plastikfrei« auch leisten kön-nen: Nicht jeder kann mehr als einen Euro pro Rolle unverpack-tem Klopapier oder mehr als siebzig Cent pro losem Ei ausgeben.

Die Konzentration auf die Vermeidung eines einzigen Roh-stoffs, in diesem Falle Plastik, führt mitunter zu absurden Ent-wicklungen und neuen, nicht geahnten Folgeschäden: Seit der Discounter Lidl keine in Plastik eingeschweißten Gurken mehr anbietet, muss er mehr Gurken wegwerfen, weil sie so schneller verderben. Denn an der in Plastik eingeschweißten Gurke, die für viele Leute der Inbegriff des Verpackungswahns ist, hängt in Wahrheit ein zerstörerisches Landwirtschafts- und Supermarkt-system: Gurken, die das ganze Jahr über erhältlich sind, werden massenhaft und billig importiert, außerhalb der Saison aus Gewächshäusern etwa in Spanien, wo der Gemüseanbau große ökologische Schäden anrichtet und Menschen ausbeutet. Die Apologetinnen und Apologeten des ethischen Konsums, die meist nicht um eine Einschränkungsempfehlung verlegen sind, werden jetzt rufen: Dann muss man halt saisonal und regional einkaufen! Aber das ist gar nicht für alle möglich, selbst wenn sie wollten. Denn in Deutschland werden laut Landwirtschafts-ministerium auf nur einem Prozent der landwirtschaftlichen Nutzfläche Obst und Gemüse angebaut.[38] Und das hat nichts damit zu tun, dass die Menschen kein regionales und saisonales

Obst und Gemüse kaufen wollten, sondern damit, dass die Landwirtschaft in Deutschland auf die gewinnbringende Fleisch- und Milchproduktproduktion für den Export ausgerichtet ist: Wo Pflanzen gedeihen könnten, die als Nahrungsmittel für Menschen taugen, wächst stattdessen Futter für sogenannte Nutztiere.

Die Fleischproduktion in Deutschland ist nach wie vor auf europaweitem Spitzenniveau, und die Preise für Rind- und Schweinefleisch liegen weit unter dem europäischen Durchschnitt, obwohl der Verzehr hierzulande zurückgegangen ist – weil laxe Tierschutzvorschriften, die sklavenhafte Ausbeutung von Arbeiterinnen und Arbeitern in den Schlachtereibetrieben und die über landwirtschaftliche Großbetriebe großzügig ausgeschütteten Subventionen die Herstellung so sagenhaft billig machen. Der Verzicht am Ende einer langen Kette der Zerstörung allein wird solche Systeme nicht verändern.

Genau genommen sind ja auch die längst für die breite Masse erschwinglichen Billigsturlaubsflüge im System begründet. Nicht nur, weil die Fliegerei subventioniert wird, sondern auch weil Arbeitswelt und Urlaubsreisen eng zusammenhängen. Die Flugreise wird zur subjektiv dringend gebrauchten Entschädigung für einen ungeliebten und/oder schlecht bezahlten Job oder zur Belohnung für die Entbehrungen einer hoch dotierten, aber zeitraubenden Beschäftigung. Kein Wunder, dass sich der Flugverzicht in Grenzen hält. Und kein Wunder, dass insbesondere liberale Politikerinnen und Politiker auf einmal ihr Herz für Arme entdecken, wenn es um das Fliegen geht. So erklärte der FDP-Politiker Andreas Pinkwart einmal bei Anne Will, warum er Billigflüge und dergleichen nicht verbieten wolle: »Da ist vielleicht auch die Rentnerin dabei, die zum ersten Mal eine Kreuzfahrt macht oder fliegt, oder ein Student, der mal in den Süden fliegt.« Für die Abschaffung von Hartz IV, für höhere Renten, Löhne oder gar Steuern, und seien sie auch nur für Reiche, kämpft seine Partei weit weniger engagiert. Und da schließt sich ein Kreis: Billigprodukte sind im Kapitalismus unabdingbar, sie halten das Wirtschaftssystem am Laufen, wenn sich Leute mit wenig Geld ebenfalls bescheidenen Luxuskonsum leisten und sich so den Wohlhabenden ebenbürtig fühlen können.

Lifestyle-Ökos

Andererseits sind ja bereits große Teile der Weltbevölkerung zum Verzicht gezwungen – und zwar nicht nur auf Flüge (nur fünf Prozent der Menschen weltweit haben jemals ein Flugzeug bestiegen), sondern, nur zum Beispiel, auf Essen, Bildung, Gesundheitsversorgung, Sicherheit und Zukunft. Und es werden immer mehr: Laut Oxfam hat sich in den zehn Jahren nach der Finanzkrise die Zahl der Milliardäre weltweit nahezu verdoppelt, ihr Vermögen ist alleine 2018 um rund 900 Milliarden US-Dollar gewachsen. Gleichzeitig können sich immer weniger Menschen aus der extremen Armut befreien, ganz besonders in den Ländern des Südens. Auch in Deutschland wächst die soziale Kluft: Das reichste eine Prozent besitzt gleich viel wie die 87 Prozent der übrigen Bevölkerung.[39]

All diese Zusammenhänge verdeckt die Konsumentendemokratie mit ihrem individuellen und antipolitischen Fokus. Bezeichnenderweise hat die Idee des »ethischen Konsums« ja ganz besonders in den besserverdienenden Milieus verfangen. Im Jahr 2000, in der Hochzeit des Neoliberalimus, prägten der

Soziologe Paul Ray und die Psychologin Ruth Anderson in ihrem Buch *Cultural Creatives. How 50 Million People are changing the World* den Begriff LOHAS (Lifestyle of Health and Sustainability). Diesen »Lebensstil der Gesundheit und Nachhaltigkeit« schrieben sie höher gebildeten, kreativen, verantwortungsbewussten, gesundheitsorientierten und Genuss suchenden Menschen zu, die ihren Lifestyle zwischen Hedonismus und Materialismus neu ausrichten würden.

Der Begriff schwappte wenige Jahre später nach Deutschland herüber.

2007 legten die Trendforscher Matthias Horx, Anja Kling und Eike Wenzel ihre Marktanalyse *Zielgruppe LOHAS. Wie der grüne Lifestyle die Märkte erobert* vor, die den Unternehmen diese umweltbesorgten Besserverdienenden als Zielgruppe schmackhaft machte. Um Verzicht ging es innerhalb dieses grünen Hedonismus jedoch nie, sondern stets nur darum, wie sich mit entsprechenden (Luxus-)Produkten der eigene aufwendige Lifestyle entsprechend ethisch aufwerten lässt, ganz ohne unbequeme politische Fragen stellen zu müssen.[40] Kein Wunder, dass das Thema der sogenannten Nachhaltigkeit bis heute auch in Hochglanzmagazinen Platz findet.

Dieser schwammige Begriff wurde im *Brundtland-Bericht* der Vereinten Nationen erstmals öffentlichkeitswirksam beschrieben als »eine Entwicklung, die die Bedürfnisse der Gegenwart befriedigt, ohne zu riskieren, dass künftige Generationen ihre eigenen Bedürfnisse nicht befriedigen können«[41]. Das Werk bildete die Grundlage für die Konferenz der Vereinten Nationen über Umwelt und Entwicklung, auch als Umweltgipfel bekannt, die 1992 in Rio de Janeiro stattfand. Der *Brundtland-Bericht* sollte dort in internationales Handeln umgesetzt werden. Längst aber ist »Nachhaltigkeit« zum hohlen Schlagwort verkommen: Gerade weil der Begriff gleichermaßen wohlklingend wie unverbindlich ist, führen ihn Politik und insbesondere Unternehmen so gerne im Munde. Schon längst bedeutet er nicht mehr, den Verbrauch von Arbeit, Energie und Rohstoffen zu senken, wie es der *Brundtland-Bericht* forderte. Vielmehr wird der Begriff dazu verwendet, »Widersprüche« zu »überwinden« und schädliches Handeln allenfalls zu kompensieren, sei es durch eine Ausgleichszahlung für die Flugreise oder Kreuzfahrt oder durch den Kauf vermeintlich weniger schädlicher Produkte. Und nie geht es bei »Nachhaltigkeit« gegen das Wirtschaftssystem als solches – sondern immer *pro* Unternehmen, sofern sie grünen Wünschen nachkommen. Schließlich ist »ethischer Konsum« ein Marktmechanismus, in dem die Frage »Was soll ich kaufen?« wichtiger ist als die, weshalb es eigentlich legal und möglich ist, dass zerstörerische Produkte überhaupt erhältlich sind, und wer davon profitiert. Auf diese Weise wurde Nachhaltigkeit zu einem schöneren Begriff für Systemerhalt.

Die freiwillige Unternehmensverantwortung, in die die Politik die Konzerne entlässt, ohne sie zu regulieren, geht dabei Hand in Hand mit der Eigenverantwortung, die sich »ethische Konsumenten« zulegen, um wiederum nicht mit Verboten behelligt zu werden. Beides hat die Produktionsweisen nicht verändert, sondern Privilegien geschützt. So kommt es, dass ein Investmentbanker, der in seiner Freizeit leere Einmachgläser in den Unverpackt-Laden schleppt, um sie dort mit Haar-Seife zu sieben Euro das Stück zu füllen, sich als Weltretter fühlen darf, auch wenn er hauptberuflich dabei mithilft, die Welt zu zerstören, um sich unverpackte Seife leisten zu können.

»Aufhören, ohne aufzuhören«: Der paradoxe Werbespruch eines Herstellers für E-Zigaretten beschreibt pointiert, worum es in der Konsumentendemokratie eigentlich geht: um die Substitution eines schädlichen Verhaltens durch ein anderes mit dem Ziel des individuellen Distinktionsgewinns, der moralischen Selbstoptimierung – und der fortgesetzten Gewinnmaximierung der Konzerne. Das hat großen Schaden angerichtet. Diese Konsumentendemokratie hat die Bürgerinnen und Bürger in einen moralischen Wettbewerb gegeneinander geschickt, der aber genau die Solidarität zerstört, die wir bräuchten, um strukturell etwas zu ändern. Man kann das derzeit sehr gut beobachten: Kaum kritisieren die Fridays-for-Future-Aktivistinnen Vielfliegerei und SUVs, kommen die Älteren und halten ihnen vor, wie schädlich ihre Smartphones sind und wie viel Energie die Nutzung des Internets verbraucht. Aber wenn wir uns bloß in persönlichen Schuldzuweisungen verheddern – »Du fährst Ski, wie kannst du nur?« – »Du bist auch nicht besser, du fährst Auto!« –, kommen wir keinen Schritt weiter.

Einmal erzählte mir ein indonesischer Aktivist verärgert davon, dass der Mitarbeiter einer finnischen NGO, die die Bewegung unterstützt, aus Umweltgründen mit dem Schiff nach Indonesien gefahren sei. Zwei Wochen habe die Reise gedauert. Das müsse sich einer erst einmal leisten können, sagte er. Was hätte man in den zwei Wochen Reisezeit vor Ort alles zusammen auf die Beine stellen können! Hätte der NGO-Mitarbeiter sein individuelles reines Gewissen nicht über die Kämpfe vor Ort gestellt.

Selbstverständlich sind wir in den reichen Ländern des Nordens, ob wir wollen oder nicht, mit unserer imperialen Lebensweise Teil der globalen Zerstörung. Dringend aber brauchen die Länder des Südens unsere Solidarität, indem wir unseren mit ihrem Kampf verbinden. Gegen Freihandelsabkommen wie Mercosur, für eine global gerechte Landwirtschafts-, Energie- und Verkehrswende, für die Durchsetzung von Menschenrechten in den Lieferketten. Dieser Kampf, und das ist das Erfreuliche, beginnt auch hier endlich auf der Straße.

»Mit anderen Worten: Wir müssen uns radikal ändern, aber im Rahmen der bestehenden Umstände, sodass sich nichts wirklich ändern muss.«

Erik Swyngedouw, *Apocalypse forever?*[42]

IV. KLIMASCHUTZ MIT DEM RECHENSCHIEBER

Warum die Konzentration auf die CO_2-Reduktion die Krise befeuert

Wie soll man einem so außerordentlichen Ereignis wie der Klimakatastrophe begegnen? Zumal im Wissen, dass die Zeit drängt, weil das Desaster längst nicht mehr in Gänze verhindert werden kann, sondern allenfalls noch schlimmste Verheerungen aufzuhalten sind?

Die Antwort darauf, die auf erstaunlich viel Zustimmung stößt, ist ein Instrument, das sich mit ziemlicher Sicherheit als bürokratische Nebelkerze entpuppen wird.

Das wirksamste Mittel gegen Treibhausgase sei es, ihren Ausstoß teurer zu machen. So hört man es allenthalben und auch von der GroKo im Jahre 2019. Geschehen soll das durch Abgaben (wie etwa die CO_2-Steuer) und durch Emissionshandel. Die Bepreisung von CO_2 stand folglich ganz oben im Eckpunktepapier der Bundesregierung zur Klimaschutzstrategie 2030.

Die Idee dahinter ist simpel: Wenn klimaschädliches Produzieren und Konsumieren teurer würde, begännen Industrie und Bevölkerung freiwillig und ganz ohne Verbote, ihren Treibhausgasausstoß zu senken. »Der Markt« würde dann dafür sorgen, dass Unternehmen vorzugsweise in klimafreundliche Technologien investieren und Bürgerinnen und Bürger klimaschädliche Produkte meiden. Doch abgesehen davon, dass es reichlich spät ist, um Unternehmen und Bürgerinnen und Bürger mit sanften Anreizen zu mehr Klimaschutz zu knuddeln (der wirtschaftswissenschaftliche, nobelpreisgekrönte Fachbegriff dafür lautet *nudging*): Wir befinden uns doch nicht in einer Welpenspielgruppe, wo es für jede noch so kleine Anstrengung ein Leckerli gibt! Wir stecken doch schon mittendrin in der alles verändernden ökologischen und sozialen Krise! Den CO_2-Ausstoß zu senken ist aber keine Frage von Erziehung und individueller Moral, von guten oder bösen Firmen, die sich um den Klimawandel scheren oder nicht, sondern von Machtverhältnissen und kapitalistischer Wachstumslogik.

Dass diese Wirtschaft immer weiter wächst und weiter wachsen soll, darin liegt die Ursache der Krise, sprich des Klimawandels, des Artensterbens, der Zerstörung von Luft, Böden und Wasser. Die gnadenlose Ausbeutung von Rohstoffen, brennende Tropenwälder, sterbende Ozeane, wachsende Müllberge, die Verletzung von Menschenrechten in Fabriken und Landwirtschaft, wachsender Hunger, Kriege und Konflikte sind Ausdruck global wachsender Ungleichheit. Dass die natürlichen Grundlagen des Planeten endlich sind und folglich der Motor des Wachstums, wie wir es kennen, irgendwann zum Stillstand kommen wird, das stellte der Club of Rome in seinem berühmten Bericht *Die Grenzen des Wachstums* bereits 1972 fest.

Der ungehinderte Zugang zu billiger Natur, billigen Rohstoffen, billiger Arbeitskraft und billiger Energie[43] ist die Grundlage unseres Wirtschaftswachstums und der daraus folgenden Kapital-anhäufung. Diesem Primat der Ökonomie ordnet die Politik alles unter. Nur zur Erinnerung: In Deutschland sind Industrie und Energiewirtschaft für rund zwei Drittel der Treibhausgas-emissionen verantwortlich. Laut dem *Carbon Major Report*[44] sind weltweit nur ganze hundert Konzerne seit 1988 für mehr als zwei Drittel der weltweiten CO_2-Emissionen verantwortlich, vor allem Ölkonzerne, die jahrelang Regierungen in aller Welt von jeder nennenswerten Klimapolitik abhalten konnten.

Und nun soll es der Markt regeln? Am Ende einer langen Kette der Zerstörung, die durch sogenannte Deregulierungen (denn in Wahrheit werden die Regeln ja nie weniger, nur andere) Privatisierungen und Megafusionen von Großkonzernen der neoliberalen Ära noch einmal enorm beschleunigt wurde?

Dieser Gedanke verdeckt, dass gar nichts von einem Markt, geschweige denn »dem« Markt geregelt wird. Vielmehr setzen Unternehmen ihre Privilegien, Schlupflöcher und Ausnahme-regelungen stets ordnungspolitisch durch. Stimmte das Märchen vom freien, also politisch unbeeinflussten Markt, hätten Airlines und fossile Energien gar keine Chance. Sie wären ganz einfach unrentabel. Stattdessen werden sie künstlich am Leben gehalten, indem sie staatlich subventioniert werden – mit 46 Milliarden Euro pro Jahr, wie eine Greenpeace-Studie 2015 belegt.[45]

Diese Unternehmen sind exakt so, wie sie heute dastehen, politisch erwünscht. Deshalb sind sie so groß und einflussreich geworden, ja nachgerade »systemrelevant«, dass sie heute mit ihrer geballten Macht nach dem Atomausstieg nun den Kohle-ausstieg, die Verkehrs-, Landwirtschafts- und die Energiewende bremsen können. Warum sollte das jetzt ausgerechnet eine CO_2-Bepreisung ändern?

Der gescheiterte Emissionshandel

Man sollte dieses Marktinstrument bei seinem richtigen Namen nennen, um zu verstehen, worum es dabei eigentlich geht, nämlich um Verschmutzungsrechte. Wer genug Geld hat, kann sich die Lizenz zum Dreckmachen einfach kaufen.

Ginge es darum, den Besitz von Schusswaffen und ihrem Ausstoß an tödlichem Blei zu regeln: Würden wir dann ernsthaft diskutieren, diese Schusswaffen teurer zu machen, damit brutale Massaker aufhörten? Käme irgendjemand auf die Idee, den Preis gefährlicher Pestizide zu erhöhen, um auf diese Weise die Artenvielfalt zu retten?

Als ich einmal bei einer Podiumsdiskussion, bei der einige Mitglieder, Politikerinnen und Politiker der Grünen im Publikum saßen, den Emissionshandel als »Recht auf Dreck« kritisierte, war die Empörung im Saal greifbar. Der Emissionshandel, hieß es, würde sehr wohl funktionieren, wenn man ihn denn endlich »richtig« aufzöge. Wenn also, nur zum Beispiel, die Preise pro Zertifikat – also Verschmutzungsrecht – hoch genug wären.

Freilich, die Grünen haben panische Angst davor, ihrem Ruf als »Verbotspartei« gerecht zu werden. Der haftet der Partei an, seit sie 2013 den Vorschlag machte, man könnte einen sogenannten Veggie-Day einführen und an einem Tag pro Woche in öffentlichen Kantinen kein totes Tier servieren. Seit der Empörung, die damals lawinenartig über sie hereinbrach, reden Politikerinnen und Politiker der Grünen lieber vom »Gestalten statt Verbieten«, wozu offenbar auch gehört, immer wieder höhere Steuern auf Dinge erheben zu wollen, die schädlich sind. Auf Inlandsflüge, auf Fleisch, auf Wegwerfplastik, auf SUVs.

Doch es gibt gute Gründe dafür, dass der Emissionshandel in Europa so grandios gescheitert ist. Vor 15 Jahren führte die EU den europäischen Emissionshandel EU ETS ein. Darin legt die EU-Kommission jedes Jahr fest, wie viele Tonnen Treibhausgase insgesamt in die Atmosphäre entlassen werden dürfen. Dafür gibt die EU eine begrenzte Menge an Verschmutzungsrechten an Unternehmen aus. Stoßen diese mehr CO_2 aus, als sie dürfen, müssen sie auf dem Kohlenstoffmarkt Zertifikate von anderen Unternehmen kaufen, die weniger ausstoßen. Der Emissionshandel ist nach wie vor das Kernelement der europäischen Klimaschutzstrategie und ein Instrument, mit dem die EU Treibhausgasemissionen unter so geringen volkswirtschaftlichen Kosten wie möglich senken wollte.

Tatsächlich geriet der Emissionshandel zum Konjunkturprogramm auf Kosten des Klimas. Denn Lobbyisten brachten die EU dazu, jede Menge günstige und kostenlose Zertifikate zu verteilen, um bloß nicht die Wirtschaft zu belasten. Der Preis pro Zertifikat sank auf fünf Euro pro Tonne, sodass sich die größten Dreckschleudern günstig eindecken konnten, um ihren CO_2-Ausstoß auf diesem Weg zu senken – auf dem Papier.

Angela Merkel hatte sogar durchgesetzt, dass den energie intensivsten Industrien bis 2020 besonders viele Verschmutzungsrechte nachgeworfen wurden. So erhielten zum Beispiel die Betreiber älterer Kohlekraftwerke mehr Zertifikate als die von neuen, emissionsärmeren Gaskraftwerken. Mit diesen zusätzlichen Subventionen konnte deutscher Kohlestrom weitere Jahre derart günstig produziert und zum Exportschlager werden. So stiegen die Gewinne, die Macht und damit auch der CO_2-Ausstoß der Energiekonzerne. Dass auch die CO_2-Steuer ein Flop werden könnte, legen Untersuchungen der OECD nahe: In den Musterländern mit CO_2-Steuer Finnland, Frankreich, Schweiz und Britisch-Kolumbien sind die Emissionen 2015 und 2016 wieder gestiegen. Nur Schweden konnte den CO_2-Ausstoß im selben Zeitraum senken – um gerade mal 1,7 Prozent. Wohl auch, weil der Strommix dort zu 40 Prozent aus Atomstrom besteht.[46]

Wann wäre es im Kapitalismus jemals so gewesen, dass Konzerne und Reiche aufkommen mussten für den ökologischen und sozialen Schaden, den sie anrichten? Wenn Energiesparen, ökologisch und sozial gerechte Produktion und Handel wirklich Gewinne brächten – weshalb sollten Unternehmen dann überhaupt schädlich produzieren? Dann gäbe es heute ja gar keine ökologische und soziale Krise.

Umso mehr stellt sich die Frage, was denn nun dieser CO_2-Preis eigentlich bewirken soll.

Wenn es der Regierung also ernst damit ist, dass der CO_2-Ausstoß bis 2050 auf null sinkt, dann muss sie eine ökologisch und sozial gerechte Ordnungspolitik machen. Davon ist sie weit entfernt. Warum bleiben Verbote undenkbar, seien es die von Kurzstreckenflügen und SUVs, ein sofortiger Ausstieg aus der Kohle, der radikale Umbau des Verkehrs- und Energiesektors, der Landwirtschaft und der Konsumgüterproduktion, die Abschaffung umwelt- und klimaschädlicher Subventionen, ein Unternehmensstrafrecht oder ein Lieferkettengesetz? All das wird von der CO_2-Steuer kaschiert.

Doch nun wird der CO_2-Preis auch zum Allheilmittel aufgeblasen, das sozialen Frieden schaffen soll. Sogar als Umverteilungsmechanismus soll es wirken: Während die Vermögen und Privilegien der Reichen weiterhin unangetastet blieben, so das Versprechen, sollten Arme durch eine Art Trickle-down-Effekt vom CO_2-Preis profitieren: indem sie ihre Abgaben zurückbezahlt bekämen – und sogar noch mehr. Demnach profitierten Arme also umso mehr, je klimaschädlicher die Reichen lebten. Schließlich ist jede Bepreisung von CO_2 an die Zerstörung von Klima und Umwelt gekoppelt. Eine seltsame Vorstellung von Gerechtigkeit, beträgt doch der CO_2-Fußabdruck der Reichen mehr als 130 Tonnen pro Kopf und Jahr. Er ist zehnmal größer als der des Durchschnittsdeutschen.

Laut Oxfam sind die reichsten zehn Prozent der Bevölkerung für 49 Prozent der weltweiten Emissionen verantwortlich.[47] Aus Panik vor Protesten wie die der Gelbwesten in Frankreich – und davor, Wähler an die AfD zu verlieren – möchte die GroKo, dass die Kosten in Deutschland auch für Menschen mit kleineren, aber auch mittleren Einkommen abgefedert werden. Etwa durch eine Erhöhung der Pendlerpauschale, sobald die Benzinpreise steigen. Eine um fünf Cent pro Kilometer höhere Pendlerpauschale würde bedeuten, dass Pendler pro hundert Kilometer fünf Euro bekämen, während aber die CO_2-Abgabe je nach Verbrauch des Autos vermutlich weniger als einen Euro pro hundert Kilometer betragen würde.[48] Das wiederum könnte das ganze Konzept ad absurdum führen. Vor allem, weil die Pendlerpauschale eine der vielen umweltschädlichen Subventionen ist, die uns laut Umweltbundesamt jedes Jahr 57 Milliarden Euro Steuern kosten.[49] Mehr Geld also, als die Bundesregierung für den Klimaschutz ausgeben will. Würde man nur diese Subventionen abschaffen, wäre viel Geld für echten Klimaschutz frei. Zum Beispiel für den Ausbau des öffentlichen Nahverkehrs in ländlichen Gebieten.

Das zweite Gerechtigkeitsversprechen, an das sich auch die Grünen klammern: dass Ärmere profitieren, indem sie Geld zurückbekommen, wenn sie Emissionen einsparen. Zwar hat das Deutsche Institut für Wirtschaftsforschung belegt, dass mit der CO_2-Bepreisung Haushalte mit niedrigem Einkommen besonders belastet würden.[50] Dass die sich davon womöglich Benzin oder Billigflüge kaufen könnten, wurde ungleich besorgter diskutiert als der per se immens große ökologische Fußabdruck der Besserverdienenden und Superreichen, die sich im Unterschied zu allen anderen auch bei einem hohen CO_2-Preis ihr verbrieftes Recht auf Dreck weiterhin jederzeit werden kaufen können. Das ist das exakte Gegenteil von Klimagerechtigkeit und wird die Klimakrise weiter befeuern.

Es ist das eine, dass Regierungen innerhalb eines kapitalistischen, auf Wirtschaftswachstum ausgerichteten Systems kaum Handlungsspielraum sehen, sondern allenfalls Stellschrauben, die sie lockern oder anziehen können. Deshalb basteln und reparieren und flicken sie den alten Kahn und hoffen immer wieder aufs Neue, dass die Flickschusterei Erfolge zeitigt, egal wie oft sie damit schon gescheitert sind.

Aber es ist doch erstaunlich, auf welch große Zustimmung die Bepreisung von CO_2 stößt: Ökonomen wie Wissenschaftlerinnen und Wissenschaftler, Umweltorganisationen und Fridays for Future, die Grünen und die FDP, die OECD, die Vereinten Nationen, die Industrie und ihre Lobbyverbände, der Bundesverband der deutschen Industrie und die Bertelsmann Stiftung, ja, selbst Banken und die Ölindustrie sind überzeugt davon, dass CO_2 »endlich« einen Preis bekommen müsse. Diese Einmütigkeit suggeriert, es sei tatsächlich ein Instrument gefunden, das jenseits von Ordnungspolitik und Ideologie funktionierte. Ein pragmatisches, das ganz problemlos in die Wirtschaft, wie sie heute ist, implementiert werden kann. Eines, das allen irgendwie gerecht werden und am Ende sogar Ökonomie und Ökologie miteinander versöhnen könnte, ohne dabei am System zu rütteln.

Tatsächlich wurden neue künstliche Märkte, auf denen Verschmutzungsrechte gehandelt würden, bereits in den Sechzigerjahren von Neoliberalen ersonnen – »als Alternativen zur staatlichen Intervention, aber auch zum sozialen und politischen Machtverhältnis«, schreibt der französische Philosoph Grégoire Chamayou in seinem Buch *Die unregierbare Gesellschaft. Eine Genealogie des autoritären Liberalismus*. Deren strukturelle Tendenz gehe dahin, »sich für einen unmittelbaren Gewinn zu entscheiden und den Verlust auf andere zu verlagern, in einer Zukunft, die uns nichts mehr angeht«.[51]

Natürlich gibt es vollkommen unterschiedliche Vorstellungen davon und auch Kontroversen darüber, wie genau dieses Marktinstrument eingesetzt werden und wie hoch der CO_2-Preis sein soll – alleine da gehen die Vorschläge von 25 Euro pro Tonne (Klimapaket) bis 180 Euro (Fridays for Future, Umweltbundesamt) weit auseinander.

Einige dieser Konzepte klingen zugegebenermaßen beim ersten Hören wirklich so, als könnten sie funktionieren – wenn wir denn in einer Gesellschaft lebten, in der es weder Machtverhältnisse noch Interessen gäbe. In der sich alle auf Augenhöhe in einen ehrgeizigen Wettbewerb begeben könnten um den noch niedrigeren CO_2-Ausstoß.[52]

Aber ein Preis auf CO_2 bleibt unter den herrschenden Bedingungen eine Legitimation für die Zerstörer. Ihre Privilegien werden weiter geschützt – und die Verantwortung auf den Einzelnen abgeschoben.

Rührt die breite Zustimmung zu diesem Konzept daher, dass das neoliberale Mantra der Alternativlosigkeit bereits tief in den

Köpfen verankert ist? Oder liegt ihr, zumindest, was die Zivilgesellschaft betrifft, vielleicht sogar eine tiefe Verzweiflung zugrunde? Nämlich die Verzweiflung darüber, dass ein so utopiefernes wie systemkonformes Instrument das einzige sein könnte, das politisch umgesetzt wird? Weil es »realistisch« ist, also den Status quo erhält?

Die Green Economy und der Irrweg Biosprit

Die Fokussierung auf CO_2 und seine Bepreisung hat noch eine andere gefährliche Dimension: Sie lässt die Reduktion von Treibhausgasen als wichtigsten Kampf gegen den Klimawandel erscheinen. Aber das wird ihm nicht gerecht – und schon gar nicht der vielschichtigen ökologischen und sozialen Krise.[53] Denn CO_2-Bilanzen eignen sich hervorragend für undurchsichtige Rechenspielchen, die in keiner Weise der ökologische und soziale Realität gerecht werden.

So wurden rund um den Äquator, vor allem in Indonesien und Malaysia, gigantische Mengen tropischer Wälder geopfert, damit reiche Länder wie Deutschland ihre Emissionen aus dem Verkehr kleinrechnen können. Auf einer Fläche größer als Sizilien wachsen dort nun Palmölmonokulturen.[54] Mehr als die Hälfte des Palmöls, das nach Deutschland importiert wird, landet als Biosprit im Tank oder wird zur Erzeugung von Strom und Wärme in Kraftwerken verbrannt. Dieser Irrsinn hat seinen Ursprung in der Erneuerbare-Energie-Richtlinie der EU aus dem Jahre 2008. Diese schrieb für den Verkehrssektor vor, dass bis 2020 ein Zehntel des Kraftstoffverbrauchs aus erneuerbaren Quellen stammen muss. Mit der Verwendung von Biosprit sollte gemäß dem Kyoto-Protokoll der CO_2-Ausstoß gesenkt werden.

Die Rechnung lautete: Bei der Verbrennung von Pflanzenkraftstoff gelange nur so viel CO_2 in die Luft, wie die Pflanze vorher gebunden habe. Nicht eingerechnet aber wurde der irreparable Schaden, den die Waldvernichtung angerichtet hat, die Zerstörung von Biodiversität und Klima sowie die zahlreichen Landkonflikte mit der lokalen Bevölkerung, Vertreibung und Gewalt gegen Indigene, Kleinbauern und Umweltaktivisten.

Die Fürsprecher der Green Economy haben die Vorstellung, dass sich Wirtschaftswachstum und Naturzerstörung durch Technologien und »Innovationen« voneinander »entkoppeln« ließen. Ganz so, als wären die guten und die schlechten Effekte des Kapitalismus wie Lokomotive und Waggon, die man mit den richtigen Handgriffen voneinander trennen könnte.

Beispielhaft dafür ist, wie sich die Anhängerinnen und Anhänger der Green Economy ausmalten, dass die Gewinnung von Energie aus Pflanzen eine Win-win-Situation für Klima und Wirtschaft werden würde: Denn die Einführung der Beimischungspflicht für Biosprit sollte nicht bloß den CO_2-Ausstoß senken, sondern auch das erwartete Wachstum des Transport- und Individualverkehrs in Europa stützen.[55] Genützt hat die verpflichtende Biospritquote aber vor allem der Autoindustrie: Ihre Ankündigung nutzte die Auto-Lobby dazu, die deutsche Bundesregierung unter Druck zu setzen, den von der EU-Kommission vorgeschlagenen Grenzwert für den CO_2-Ausstoß von Neuwagen wieder von 120 auf 130 Gramm pro Kilometer anzuheben. Schließlich würden ihre Spritfresser ja fortan mit einem Treibstoff gefüttert werden, der weniger CO_2 ausstößt.

In der deutschen Klimaschutzstrategie spielen Biokraftstoffe der ersten Generation (wie Palmöl) zwar eine untergeordnete Rolle. An ihre Stelle ist jetzt gewissermaßen die große Hoffnung

Elektromobilität gerückt. E-Autos gelten gar als emissionsfrei. Das sind sie aber nur, wenn man den für sie nötigen Rohstoffabbau und die Herstellung nicht berücksichtigt. Von den Menschenrechtsverletzungen, die im Bergbau mehr stattfinden als in jedem anderen industriellen Sektor, einmal ganz zu schweigen.

Inzwischen haben sich weitere gefährliche Technologien in die Debatte geschlichen. Die Atomkraft erlebt eine ideelle Renaissance, schließlich stößt auch sie wenig CO_2 aus, wie ihre Befürworterinnen und Befürworter ins Feld führen. In Deutschland mag das wenig aussichtsreich sein, auch wenn hier das Raunen lauter wird, ohne den Atomausstieg hätte man den Kohleausstieg schneller hinbekommen. Dieses Argument benutzt auch Frankreichs Präsident Emmanuel Macron. Er kündigte bei der Weltklimakonferenz in Bonn an, bis 2021 alle Kohlekraftwerke des Landes abzuschalten. Das sorgte auch bei den deutschen Grünen für Applaus.

Allerdings erzeugen jene Kraftwerke nur fünf Prozent des französischen Stroms. Drei Viertel stammen aus Atomkraft. Diesen Anteil wollte Frankreich bis 2025 eigentlich auf die Hälfte reduzieren und dafür 18 der 58 Atommeiler abschalten. Dieses Ziel hat Macron nun um zehn Jahre nach hinten verschoben, um die Klimaziele auf dem Papier einzuhalten.

Dabei sind die Gefahren der Atomenergie unbestreitbar, und es existiert bis heute noch keine Lösung für die Endlagerung atomarer Abfälle. Außerdem stärken derartige Großtechnologien das Machtungleichgewicht: Es waren ja genau die Betreiber jener Großkraftwerke, die die Energiewende behindert hatten.

Keine Frage, der Ausstoß von Treibhausgasen muss massiv reduziert werden. Aber wenn es nur darum geht, saubere Bilanzen zu erstellen, dann ist selbst ein CO_2-neutrales Tschernobyl denkbar. Dann erhalten selbst so umstrittene Technologien wie die Abscheidung und Speicherung von Kohlenstoffdioxid im Boden (Carbon Capture and Storage – CSS) eine Legitimation. Die hat es in den europäischen »Green Deal« geschafft. Dafür setzen sich wiederum Ölkonzerne ein, die diese Technologien dazu nutzen wollen, weiterhin Erdöl zu fördern und in den leer gepumpten Stollen dann CO_2 zu speichern. Diese Technologie würde ihr Ölgeschäft trotz aller sonstigen ökologischen und sozialen Zerstörungen, die die Ölförderung zwangsläufig mit sich bringt, auf dem Papier klimaneutral machen, selbst wenn sie noch den letzten Tropfen aus dem Regenwald-, Ozean- oder Arktisboden holen. Und so sind es auch BP, Exxon Mobile und Shell, die das »Climate Leadership Council« mitgegründet haben. Das fordert vor allem: eine steigende Abgabe auf CO_2.[56]

»Vielleicht lag es daran, dass wir gefährlich gut darin waren, schlechte Nachrichten in eine immer absurder werdende Vorstellung von ›Normalität‹ einzubinden oder dass wir aus dem Fenster sahen und dort noch alles gut aussah.«

David Wallace-Wells, *Die unbewohnbare Erde* [57]

V. DAS PARADOX DER APOKALYPSE

Warum wir nicht das Klima retten, sondern den Kapitalismus

In dem Moment, in dem ich diesen Satz schreibe, macht sich dreihundert Kilometer Luftlinie von meinem Schreibtisch entfernt der Klimawandel über einen der schönsten Orte der Welt her.

Venedig ist überflutet, der Wasserpegel steigt im November 2019 auf fast zwei Meter, so hoch wie seit mehr als fünfzig Jahren nicht. Ein Mann ist gestorben, viele Menschen haben alles verloren. Das Salzwasser steht in Hotels, Schulen, Geschäften und Museen, es nagt an Kunstschätzen, die Jahrhunderte überdauert haben. Es ist in das Opernhaus La Fenice eingedrungen und in die Krypta der Basilika San Marco, nach deren Renovierung sechzehn Jahren zuvor versprochen wurde, sie würde nie mehr nass. Kioske und Anlegestellen wurden weggerissen, Wasserbusse versanken, Gondeln trieben herrenlos in den Kanälen. Von Schäden in Höhe von mindestens einer Milliarde Euro ist die Rede, die langfristigen Folgen für das Weltkulturerbe sind noch lange nicht abzusehen. Die Regierung in Rom hat den Notstand ausgerufen, der Präsident der Region Venetien, Luca Zaia, nennt die Zerstörungen »apokalyptisch«.

Klimaforscher warnen seit Jahrzehnten davor, dass der Klimawandel den Meeresspiegel steigen lässt, weil Eisschilde und Gletscher schmelzen, und in der Folge Küstenstädte bedrohen oder gar schlucken wird. Gerade der Meeresspiegel um Venedig steigt deutlich schneller als im weltweiten Durchschnitt. Doch die Medienberichte stellen andere Ursachen für die Katastrophe in den Mittelpunkt, nämlich die Unfähigkeit der Regierung, einen geeigneten Hochwasserschutz zu errichten. Die auf Holzpfählen errichtete Lagunenstadt ist ja tatsächlich seit jeher vom Untergang bedroht. Im Winter schwappt das Wasser oft über den Markusplatz. Bewohner und Touristen, die über Holzstege staksen, sind ein Bild, an das man sich gewöhnt hat. So als gehörte das *Acqua alta* zu den Sehenswürdigkeiten wie die Rialtobrücke.

Seit den späten Siebzigerjahren gibt es den Plan, die Stadt mit einem Sperrwerk, das den biblischen Namen »Mose« trägt, zu schützen: Mobile hydraulische Dämme sollen die Lagune bei Hochwasser absperren. Das Projekt wurde wegen technischer Pannen, Korruption und Geldwäsche bis heute nicht fertiggestellt. Und es gibt weitere Gründe: Die Vertiefung der Schifffahrtsrinnen für den Industriehafen in Mestre und Kreuzfahrtschiffe haben das empfindliche Ökosystem der Lagune zerstört, etwa die niedrig gelegenen Salzwassermarschen, die das Wasser natürlich zurückhalten würden. Die tiefen Kanäle drücken das Wasser verstärkt in die Lagune, die großen Schiffe tun ihr Übriges. Vierhundert Kreuzfahrtschiffe, bis zu 96 000 Tonnen schwere Kolosse, legen jedes Jahr in Venedig an. Sie verpesten mit ihren Dieselabgasen nicht nur die Luft, sondern beschädigen die Fundamente der Stadt, wenn sich die fast einen halben Kilometer langen Schiffe wie Hochhäuser durch den Giudecca-Kanal schieben. Seit Jahren kämpfen viele Einwohner vergeblich für ein Anlegeverbot der Ungetüme. Die Katastrophe von Venedig hätte verhindert werden können, wenn man rechtzeitig gehandelt hätte. Darin sind sich alle einig.

Hier ergibt sich eine erdrückende Parallele zum Klimawandel: Ebenfalls seit den Siebzigerjahren ist bekannt und erforscht, was die Erderwärmung anrichten wird. Der Klimawandel hätte womöglich komplett verhindert werden können, hätte man die Erkenntnisse der Klimaforschung ernst genommen und beispielsweise in den vergangenen vierzig Jahren den Ausstieg aus der fossilen Energie begonnen.[58] Stattdessen wurde in diesen nun verlorenen Jahrzehnten die ökologische und soziale Krise befeuert. Das Kyoto-Protokoll der Vereinten Nationen, das 1997 verabschiedet wurde, hat kaum Wirkung gezeigt. Obwohl 191 Staaten das Abkommen ratifiziert und sich verpflichtet haben, den CO_2-Ausstoß zu senken, erreichte der CO_2-Ausstoß in den folgenden 21 Jahren einen historischen Höchststand. Weil mehr Kohlekraftwerke gebaut wurden, immer mehr Autos gekauft und gefahren werden, mehr Menschen mehr Fleisch essen, mehr Flugzeuge in den Himmel steigen, mehr Handels- und Kreuzfahrtschiffe herumschippern, immer größere landwirtschaftliche Flächen in industrielle Monokulturen verwandelt und immer mehr Konsumgüter produziert werden. Denn in den vergangenen dreißig Jahren ist der Kapitalismus durch die neoliberale Ideologie vollends entfesselt worden: Alles wurde dem Diktat der Märkte untergeordnet, um das Wirtschaftswachstum weiter anzutreiben – was einer immer kleiner werdenden Zahl von Menschen ein immer höheres Vermögen beschert.

Zur Zeit des Kyoto-Protokolls galt ein Temperaturanstieg von zwei Grad als Grenzwert zur Katastrophe. 2018 veröffentlichte der Weltklimarat den 1,5-Grad-Report und legte dar, dass ein halbes Grad Erwärmung weniger deutlich geringeres Leid erzeugen würde: Der Meeresspiegel würde bis 2100 um zehn Zentimeter weniger steigen. Fast 400 Millionen Menschen weniger wären extremer Hitze ausgesetzt. 150 Millionen Menschen weniger würden an Luftverschmutzung sterben. Es sei immer noch möglich, den Temperaturanstieg auf 1,5 Grad zu begrenzen, aber nur mit »schnellen und weitreichenden« Veränderungen bei der Energieerzeugung, der Landnutzung, im Städtebau, im Verkehr und in der Industrie. Dafür hätten wir noch zwölf Jahre Zeit. Ein Hoffnungsschimmer. Aber auch eine letzte Warnung. Mehr als ein Jahr ist verstrichen, ohne dass nennenswerte Maßnahmen zur Rettung der Ökosysteme ergriffen worden wären. Dabei können bereits 1,5 Grad Erwärmung die gefürchteten Kipppunkte auslösen, Kettenreaktionen, die den Temperaturanstieg beschleunigen. Der ehemalige Vorsitzende des Weltklimarats, Robert Watson, hält eine Erwärmung von drei Grad für das realistische Minimum, das wir noch erreichen können.[59] Es würde unter anderem bedeuten: Die Arktis würde von Wäldern bedeckt, und alle Küstenstädte wären verloren. Bei fünf Grad sprechen Forscher vom Ende der Zivilisation. Bei acht Grad davon, dass menschliches Leben nicht mehr möglich wäre.

David Wallace-Wells, stellvertretender Chefredakteur des *New York Magazine*, hat in seinem Buch *Die unbewohnbare Erde* auf mehr als dreihundert Seiten wissenschaftliche Prognosen der »umfassenden Krise, die keinen Ort unberührt und kein Leben unverändert lässt« zusammengetragen. Es beginnt mit den Worten: »Es ist schlimmer. Viel schlimmer, als Sie denken« und handelt von Feuer, Flut und Dürren, von neuen

Seuchen und jahrhundertealten Erregern, die im nicht mehr ewigen Eis auftauen, von versinkenden Städten, erodierenden Küsten, schmelzenden Gletschern, sterbenden Ozeanen, Hungerkatastrophen, Hitzewellen und Kriegen. Es klingt wie Armageddon.

Warum also, so lautet die immer lauter vorgetragene Frage, wird so wenig getan, um das zu verhindern? Warum gelingt es vielen Menschen immer noch, die dramatischen Folgen zu verdrängen?

Es gibt viele psychologische Deutungen dafür. Die Klimakatastrophe ist zu groß und zu abstrakt, um sie fassen zu können. Schließlich ist sie kein einzigartiges Ereignis, das an einem bestimmten Tag oder Ort über uns hereinbrechen wird, sondern ein schleichender Prozess, von dem vieles erst in Zukunft passiert (oder am anderen Ende der Welt). Die Menschen in den reichen Ländern wähnen sich in trügerischer Sicherheit, schließlich sind die Regale der Warenhäuser zum Bersten voll. Außerdem herrscht in wohlhabenden Gesellschaften ein naiver Technikoptimismus, als könnte uns eine Zaubermaschine im letzten Moment retten. Dazu gesellen sich ein saturierter Fatalismus (ist denn nicht eh schon alles zu spät?) und unverhohlene Besitzstandswahrung. Kaum etwas zeigt die Ignoranz der Reichen besser als das Foto, das 2017 um die Welt ging: Vor der Flammenwand des Eagle-Creek-Feuers lochten Golfer im Bundesstaat Washington unbeeindruckt Bälle ein.

»Wenn wir uns also nach Bestätigung umsehen für das, was unser Gefühl und Verstand über die Zerstörung des Klimas sagen, stehen wir vor allen möglichen Signalen, die uns suggerieren, wir müssten uns keine Sorgen machen, es werde alles ein wenig übertrieben, es gäbe zahllose Probleme und eine Menge schönerer Themen, denen wir uns zuwenden sollten, wir könnten ohnehin nichts ändern und so weiter«, fasst es die kanadische Autorin Naomi Klein zusammen.[60]

Dabei werden immer mehr grässliche Vorhersagen Wirklichkeit. Die fünf wärmsten Sommer, die es seit 1500 in Europa gegeben hat, wurden alle nach 2002 gemessen. 2018 sorgte der Sommer weltweit für einen Hitzerekord, es folgte der Hitzesommer 2019. 2016 tötete die Korallenbleiche, verursacht durch die Versauerung und Erwärmung des Meeres, die Hälfte des Great Barrier Reefs in Australien. 2017 fegten gleich drei Hurrikans über den Atlantik. Im selben Jahr waren 41 Millionen Menschen in Südasien von Überschwemmungen betroffen, 1200 Menschen starben. Ebenfalls 2017 brachen in Grönland zehnmal mehr Brände als noch drei Jahre zuvor aus, und der Hurrikan Maria zerstörte Puerto Rico. Im März 2018 erlebte Südafrika die schlimmste Dürre seit Jahrzehnten, Kapstadt litt unter so großem Wassermangel, dass die Menschen dort nur noch fünfzig Liter pro Tag verbrauchen durften – weniger als eine morgendliche Dusche. Ein Jahr später zog der Zyklon Idai eine Schneise der Verwüstung durch Mozambik und Simbabwe, in Bangladesch, Indien, Nepal und Pakistan brachte ein Rekord-Monsun Hunderte Menschen um.

Und die Einschläge rücken näher: Längst sind nicht mehr nur Eisbären betroffen oder die Länder des Südens, in denen »Naturkatastrophen« von uns auf erschreckende Weise als normal betrachtet werden.

Der heiße Sommer 2018 in Griechenland führte zu verheerenden Waldbränden. Menschen verbrannten bei lebendigem Leib, als sie versuchten, zu Fuß oder im Auto dem Inferno zu entkommen. 2019 vernichteten die Flammen die Wälder in Spanien, Portugal und Deutschland in einem Ausmaß wie seit Jahren nicht mehr. Und während ich diese Zeilen schreibe, kann ich quasi live dabei zusehen, wie in Australien Buschbrände wüten und den Koalabären an den Rand des Aussterbens bringen. Dass der Klimawandel Waldbrände befeuert, hat der Weltklimarat erst im August 2019 wieder belegt.[61] Dennoch erklärte Australiens Vizepremierminister Michael McCormack, ein Zusammenhang zwischen den Bränden und dem Klimawandel sei eine Erfindung »verrückter innenstädtischer Linker«.

Das Leugnen des Klimawandels

Nun gehören Mitglieder der rechtskonservativen Regierung in Australien, die den Ausbau der Kohle- und Gasindustrie im Land vorantreibt, zu den Letzten, die den Klimawandel immer noch hartnäckig leugnen. Klimawandelleugner findet man fast nur noch bei Rechten (in Deutschland bei der AfD); ihr Säulenheiliger, US-Präsident Donald Trump, hält den Klimawandel für eine Erfindung der Chinesen. In den USA hatten Industrie-Lobbyisten viele Jahre mit Milliarden Dollar Kampagnen, Think Tanks und Netzwerke von Klimawandelleugnern finanziert. Die PR-Firma Burson Marsteller etwa schuf um 1990 im Auftrag von US-amerikanischen Öl- und Autokonzernen die Fake-Bürgerinitiative Climate Coalition. Diese trichterte mehr als zehn Jahre lang den Bürgerinnen und Politikern ein, die Klimaerwärmung sei nicht wissenschaftlich belegt und Maßnahmen zum Klimaschutz würden der Wirtschaft schaden und Arbeitsplätze kosten.[62] Noch heute argumentieren Politiker, selbst solche, die den

Klimawandel nicht leugnen, ähnlich: So erklärte Wirtschaftsminister Peter Altmaier den entsetzten Aktivistinnen und Aktivisten von Fridays for Future am Rande einer Tagung der Kohlekommission, dass die Wirtschaft in Deutschland durch den Klimaschutz gefährdet sei.

Die Kampagnen von Klimawandelleugnern haben aber nicht nur wirksame Schritte für den Klimaschutz verhindert, sondern auch Zweifel gesät gegenüber Umweltorganisationen, die sich seit jeher dem Verdacht ausgesetzt sehen, »es zu übertreiben«. »Panikmache« werfen Liberale und Konservative den Fridays-for-Future-Aktivisten vor, und den Grünen hängen sie das Etikett einer »Angstpartei« an. Egal, wie nüchtern man auch die Folgen des Klimawandels aufzählt: man oder frau macht sich sofort verdächtig, ein Apokalyptiker oder eine Apokalyptikerin zu sein. Das ist nicht zuletzt der Grund, warum eine der Hauptforderungen der Fridays-for-Future-Bewegung lautet: »Hört auf die Wissenschaft!«

Aber selbst dieser werden Misstrauen und Skepsis entgegengebracht. Das mag ironischerweise daran liegen, dass Klimaforscherinnen und -forscher zu lange zurückhaltend waren und von Wahrscheinlichkeiten gesprochen haben – eben um den Eindruck zu vermeiden, sie würden Panik schüren. Doch geirrt haben sie sich vor allem in einem: Der Klimawandel und auch das Artensterben vollziehen sich viel schneller, sehr viel schneller, als vorausgesagt wurde. Seit 1998 hat sich die Erde doppelt so schnell erwärmt, wie angenommen. Die Meere erwärmen sich um vierzig Prozent schneller, als die Vereinten Nationen vorhersagten. Das Eis in der Antarktis schmilzt sechsmal so schnell wie 1980. Die Dauerfrostböden auf der Nordhalbkugel schmelzen siebzig Jahre früher, als bislang vermutet. In den sogenannten

Permafrostböden lagert doppelt so viel Kohlenstoff wie in der Atmosphäre. Tauen sie auf, wird nicht nur massenhaft CO_2 frei, sondern auch Methan, das 25 mal klimaschädlicher ist. Ein Kipppunkt im Klimasystem, der eine ungeahnte Kettenreaktion auslösen kann.

Doch je näher die Einschläge rücken, je eindringlicher Wissenschaftler nun doch vor dem »Klima-Notfall« warnen und vor »nie da gewesenem menschlichem Leid«[63], desto mehr verkommt der Klimawandel zu einem Scheinriesen, der, wie Herr Tur Tur bei Jim Knopf, umso kleiner wird, je näher er kommt. Bei jedem neuen dramatischen Wetterereignis steht die skeptische Frage im Raum, ob denn nun *wirklich* der Klimawandel daran schuld sei, geradezu, als seien Tatsachen unseriös.

In den wohlhabenden Ländern speist sich das Misstrauen gegenüber dem Klimaschutz aber auch daraus, dass der Dystopie des Klimawandels keine Utopie eines guten Lebens gegenübersteht, das anders und womöglich besser sein könnte als unsere imperiale Lebensweise, die nach wie vor als erstrebenswert gilt. Mit dem Begriff beschreiben der Politikwissenschaftler Ulrich Brand und der Gesellschaftswissenschaftler Markus Wissen[64], wie der Alltag in den wohlhabenden Ländern dadurch geprägt ist, dass systematisch und in überproportionalem Umfang auf billige Ressourcen und billige Arbeitskräfte in anderen Regionen der Welt zurückgegriffen wird, damit wir einen Lebensstandard erreichen können, den wir als normal betrachten: viel Fleisch essen, viel Auto fahren und fliegen, viele Klamotten und ständig neue, weiterentwickelte Smartphones und Computer, alles zu jeder Zeit und möglichst billig, während die ökologischen und sozialen Kosten ausgelagert werden. Das ist nicht bloß die DNA unserer Gesellschaft, sondern auch der Motor des Kapitalismus.

Deshalb scheint die Angst davor, wegen des Klimawandels für etwaige »zukünftige Generationen« oder das abstrakte »Überleben der Menschheit« auf Komfort und Konsum verzichten zu müssen, größer als die Angst vor dem Verlust unserer Lebensgrundlagen.

Extinction Rebellion in der Kritik

Auf der anderen Seite aber ist es problematisch, diese Angst mit apokalyptischen Drohungen, Schockbildern und dramatischen Weltuntergangsszenarien erzwingen zu wollen. Zu solchen Mitteln greift die Bewegung Extinction Rebellion (XR). Etwa wenn ihre Anhängerinnen und Anhänger literweise Kunstblut verschütten, um auf das Arten- und künftige Enkelsterben aufmerksam zu machen. Oder wenn sie Galgen aufstellen, unter denen Aktivistinnen und Aktivisten mit einem Strick um den Hals auf schmelzenden Eisblöcken stehen. Sicher sind solche theatralischen Endzeit-Inszenierungen auch der Verzweiflung über das kollektive Wegschauen geschuldet. Aber sie bleiben politisch inhaltsleer.

Bedenklicher allerdings sind die Botschaften, die die Köpfe dieser Bewegung in die Welt senden: »Die menschliche Rasse wird innerhalb eines Jahrzehnts ausgelöscht sein«, raunt da Extinction-Rebellion-Gründer Roger Hallam. Weil ihm jedes Mittel recht ist, um Aufmerksamkeit zu erregen, scheut er auch nicht davor, den Holocaust im Vergleich zum Klimawandel – Alexander Gauland lässt grüßen – als »nur einen weiteren Scheiß in der Menschheitsgeschichte« zu bezeichnen. In einem Interview mit dem *Spiegel* bezeichnete er den Klimawandel als »das Rohr, durch das Gas in die Gaskammer fließt«.[65]

Schlimm genug, dass sich Hallams Holocaust-Relativierung als PR-Manöver entpuppte, mit dem er die Medien als Lügner vorführen wollte und Journalistinnen und Journalisten als diejenigen, die nicht, wie von Extinction Rebellion gefordert, »die Wahrheit« sagen. Das ist schon ziemlich nah am rechten »Lügenpresse«-Sprech dran.

Gail Bradbrook wiederum, die Mitbegründerin von Extinction Rebellion, vergleicht die Klimakrise mit »20 Hitlern« und fordert deshalb eine »Kriegswirtschaft«.[66] Der britische XR-Sprecher und Politiker der britischen Green Party, Rupert Read, sieht in eine Zukunft, »gegen die der Horror des Zweiten Weltkriegs mickrig wirken könnte«.

Hallam und Bradbrook fordern von ihren Anhängern deshalb, Opfer zu bringen. Etwa, sich massenhaft verhaften zu lassen oder in den Hungerstreik zu treten, um die Regierungen unter Druck zu setzen. »Und ja, manche könnten in diesem Prozess sterben«, sagt Hallam. »Einige von uns müssen bereit sein, zu sterben«, findet auch Bradbrook. Tatsächlich erfragte Extinction Rebelllion in detaillierten Fragebögen die Opferbereitschaft von Aktivistinnen und Aktivisten – mit Namen und E-Mail-Adresse: Bist du bereit, dich in Gewahrsam nehmen zu lassen? Bist du bereit, ins Gefängnis zu gehen? Ziehst du einen Hungerstreik in Betracht?[67] Das sollte von denen beantwortet werden, die an den Straßenblockaden in London und Berlin teilnehmen wollten. Erst nach heftiger Kritik verschwand der Fragebogen aus dem Netz.

Doch bei den politischen Zielen bleibt Extinction Rebellion vage. Drei werden benannt: Die Regierungen sollen »die Wahrheit« *(Tell the Truth)* über die Klimakatastrophe sagen und den Klimanotstand ausrufen. Sie sollen sofort »handeln« *(Act Now)*,

Treibhausgas-Emission stoppen und bis zum Jahr 2025 die Netto-Null-erreichen. In »Bürgerversammlungen«, die die Regierungen beraten *(Beyond Politics)*, sollen gemeinsam mit Experten Lösungen für die Klimakrise gefunden werden.[86]

Die bloße Anrufung der Obrigkeiten ignoriert aber die gesellschaftlichen Machtverhältnisse – und tatsächlich will sich Extinction Rebellion auch nicht politisch positionieren, um für die breite Masse anschlussfähig zu sein. Hallam ist opportunistisch genug, Menschen, die »ein bisschen rassistisch oder sexistisch« denken, in die Bewegung zu holen, weil der Umweltschutz das oberste Ziel sei. All das hat der Bewegung viel Kritik eingebracht. Auch von ihren eigenen Gruppen. Der deutsche Ableger distanziert sich von Roger Hallam und betont, dass Rassismus und Antisemitismus bei ihnen keinen Platz hätten. Es gibt andere Gruppen, etwa »Hambi bleibt«, die sich wiederum von Extinction Rebellion distanzieren, einige Mitglieder sollen bereits ausgetreten sein.

Die Autorin und Ökolinx-Politikerin Jutta Ditfurth kritisiert, dass Extinction Rebellion keine Graswurzel-Bewegung sei, sondern hierarchisch organisiert, und dass sie sich mit Spenden finanziert, die zu einem großen Teil aus Geschäften stammen, die den Klimawandel vorangetrieben haben.[96] Tatsächlich steckt hinter Extinction Rebellion eine Kapitalgesellschaft – die Compassionate Revolution Ltd.[70] XR-Finanzkoordinator Andrew Medhurst arbeitete drei Jahrzehnte als Banker und Derivaten-Händler unter anderem bei der Geschäftsbank HSBC, bevor er ausstieg und sich der Umweltbewegung anschloss. Mit seinen Kontakten zum Großkapital gelang es ihm, alleine 2019 Spenden im Höhe von knapp 2,5 Millionen Pfund einzusammeln. Fast die Hälfte von Großspendern.[71] Der bislang größte

Einzelspender für Extinction Rebellion ist der Hedgefonds-Milliardär Chris Hohn, Chef und Gründer des Investmentkonzerns The Children's Investment Fund (TCI). Der für seine Großspenden bekannte Philanthrop gab der Bewegung 200 000 Pfund und wird seither als »grüner Rebell« gefeiert.[72] Sein Vermögen speist sich allerdings bis heute aus Anlagen, die ganz explizit zur Klimazerstörung beitragen. TCI hält Anteile am Flugzeughersteller Airbus, an der Aktiengesellschaft Aena, die in Spanien Flughäfen betreibt und weltweit Anteile an Flughäfen besitzt, am Mutterkonzern des italienischen Autobahnbetreibers Autostrada, am französischen Konzern Vinci, der Flughäfen, Autobahnen und Atomkraftwerke baut, sowie Kupfer-, Erz- und Kobaltminen in den Ländern des Südens.[73] Kurz nachdem Extinction Rebellion den Londoner Flughafen Heathrow mit Drohnen lahmlegen wollte, weil das Fliegen »völkermordähnliche Konsequenzen für künftige Generationen und die Umwelt« (XR-Flugblatt) habe, und Roger Hallam verhaftet wurde, wurde bekannt, dass Hohns TCI für 630 Millionen Pfund Anteile am spanischen Konzern Ferrovial gekauft hat. Ferrovial ist nicht nur Betreiber des Flughafens Heathrow, sondern hat auf der australischen Insel Nauru ein Internierungslager für Geflüchtete betrieben, wo es zu schweren Menschenrechtsverletzungen kam.[74]

Nun kann man vielleicht noch darüber streiten, ob eine Bewegung solches Blutgeld annehmen darf, um sich zu finanzieren, oder ob es in Ordnung ist, dieses Geld zu nutzen, ebensolche Zerstörer zu bekämpfen. Richtig problematisch wird es aber dann, wenn sich Bewegungen mit Unternehmen zusammentun – in der naiven Hoffnung, dass diese »Teil der Lösung« (wie sie ja selbst immer behaupten) sein könnten. Das planten allerdings die britischen XR-Gründerinnen und -Gründer. Die Zeitung

The Times puplizierte einen offenen Brief, in dem XR die Plattform »XR Business« ankündigte, um mit Konzernen, Beratern und Investoren zusammenzuarbeiten. Unterzeichnet war dieser unter anderem von Paul Polman, ehemals Chef von Unilever, dem Tütensuppenkonzern, der für die Vernichtung der indonesischen Wälder für Palmölplantagen mitverantwortlich ist, John Elkington (ehemals Aufsichtsrat Nestlé) und XR-Co-Gründerin Gail Bradbrook.[75] Weil Aktivistinnen und Aktivisten dagegen protestierten, zog Bradbrook das Projekt zurück. Mit Bedauern: »Der Dialog mit Unternehmen wird, wie mit allen Bereichen der Gesellschaft, notwendig sein, damit unsere Forderungen erfüllt werden können.« Das ist allerdings das übliche Business-Bullshit-Bingo, das man von umstrittenen wirtschaftsfreundlichen Umweltorganisationen wie dem WWF kennt, die mit den Zerstörern arbeiten, und von den Konzernen selbst (Polman hält Unilever ja für »die größte NGO der Welt«[76]). Oder von Regierungen, die darauf hoffen, dass diese Konzerne freiwillig Verantwortung übernehmen. Aber man kann mit Konzernen nicht einfach »reden« – es sind ja keine Menschen mit Ansichten und ethischen Grundsätzen, sondern Konzentrationen von Macht.

Das größte Problem bei Extinction Rebellion aber ist ihr universalistischer Ansatz. Sie wollen explizit keinen Feind benennen und Schuldzuweisungen vermeiden. »Wir leben in einem toxischen System, doch daran trägt kein Mensch allein die Schuld«, heißt es auf der deutschen Homepage.[77] Umgekehrt heißt das: Alle sind schuld. Aber das stimmt nicht. Es gibt klare Schuldige, und zu diesen gehören auch Konzerne. Wenn man aber die Herrschaftsverhältnisse so rigoros ausblendet, dann kommt es auch zu so willkürlichen Aktionen wie in

London: Dort besetzte Extinction Rebellion ausgerechnet eine U-Bahn. Mitten im morgendlichen Berufsverkehr kletterten Aktivisten auf einen Waggon und entrollten dort ein Banner mit der Aufschrift »Weiter wie immer heißt Tod«. Ausgerechnet die Pendlerinnen und Pendler sollen schuld sein, die den öffentlichen Nahverkehr nutzen? Schließlich sind das in der Regel Menschen, die Tag für Tag zermürbend lange Fahrten in Kauf nehmen, um zur Arbeit zu kommen – die aber so schlecht bezahlt ist, dass sich diese Leute keine zentraler gelegene Wohnung im überteuerten London leisten können. Ausgerechnet diese zum Ziel von Blockaden zu machen ist nicht nur schreiend ungerecht, sondern auch gedankenlos. Wenn man die soziale Dimension der ökologischen unterordnet, wird man niemals Menschen dazu bringen, für ihre ökologischen und sozialen Rechte zu kämpfen und Teil einer ökosozialen Bewegung zu werden. In Deutschland besetzte Extinction Rebellion bizarrerweise ausgerechnet das Büro der Partei Die Linke, die aber hierzulande das sozial gerechteste Klimaschutzprogramm hat und entsprechend souverän mit dem Ansturm der Aktivisten umging.

Die Botschaft von XR, dass wir »alle im selben Boot« säßen, entspricht der Ideologie des Anthropozäns. Der Begriff beschreibt das gegenwärtige Erdzeitalter als eines, das von der Spezies Mensch, also »der Menschheit« grundlegend verändert wurde. Aber das stimmt so natürlich nicht. Nur zehn Prozent der Weltbevölkerung sind für die Hälfte der globalen Emissionen verantwortlich. Achtzig Prozent stammen aus den sogenannten Industrieländern, in denen aber nur zwanzig Prozent der Menschen wohnen, während die restlichen achtzig Prozent in Ländern leben, die schon heute unter den Folgen des Klimawandels leiden.[78] Raj Patel und Jason W. Moore schlagen in ihrem Buch *Entwertung* vor, stattdessen lieber den Begriff »Kapitalozän« zu verwenden. Dies bedeute, »den Kapitalismus ernst zu nehmen, ihn nicht nur als ein Wirtschaftssystem zu begreifen, sondern als eine Art und Weise, die Beziehungen zwischen den Menschen und der übrigen Natur zu organisieren.«[79]

Geoengineering als letzte Waffe

Wer aber nur Panik schürt, um die Politik zum nicht näher benannten »Handeln« zu zwingen, trägt eher dazu bei, den Status quo zu erhalten. Denn Angst allein verleitet eher dazu, die eigenen Privilegien zu verteidigen. Eine solche Haltung wird von der politischen Klasse befeuert. Dass diese nicht den Klimawandel, sondern das Ende des Kapitalismus als Apokalypse begreift, hat der belgische Geograf Erik Swyngedouw in seinem Essay *Apocalypse forever?* beschrieben: Der Klimawandel würde als »Feind von außen« inszeniert, der den Kapitalismus bedrohe. »Die Probleme erscheinen deswegen nicht als Ergebnis des Systems, eines Ungleichgewichts von Macht, einflussreichen Netzwerken der Kontrolle, zügelloser Ungerechtigkeit oder von fatalen Fehlern, die diesem System eingeschrieben sind – stattdessen wird ein Außenseiter verantwortlich gemacht.« Dieser Eindringling könne nur von innen heraus, mit den Mitteln des Kapitalismus, bekämpft werden. Swyngedouw beschreibt ein »Management der Angst« als »Leitmotiv der neuen politischen Kultur«. Ja, die Menschen sollen Panik bekommen. Aber nicht vor den Folgen des Klimawandels, sondern um Arbeitsplätze und ihr konsumistisches Leben. Diese Angst ersticke sämtliche Debatten um Ursachen und alternative Systeme im Keim. In dieser Logik könne dann »nichts anderes als der Kapitalismus das Klima-Rätsellösen und ein ganz neues Klima schaffen, indem er mit außergewöhnlichen Technologien und Management-Konzepten das ungeschehen macht, was er über Jahrhunderte produziert hat.«[80]

Tatsächlich hat die scheinbare Handlungsunfähigkeit der Länder, die besonders viele Emissionen ausstoßen, und die Geschwindigkeit, mit der der Klimawandel voranschreitet, eine vermeintliche technische Wunderwaffe auf den Plan gerufen: Geoengineering. Darunter versteht man eine Vielfalt verschiedener Großtechnologien, die das Klima beeinflussen sollen. Die Reflexion von Sonnenstrahlen durch Schwefelpartikel in der Stratosphäre, durch künstliche Wolken oder Glasstaub auf dem Eis der Arktis. Oder das Filtern von CO_2 aus der Atmosphäre mithilfe riesiger Kohlenstoffstaubsauger. Die Speicherung von CO_2 unter der Erde. Aber die Manipulation natürlicher Systeme birgt gefährliche Nebenwirkungen, die unumkehrbar sind und womöglich schlimmer als der Klimawandel selbst.

Als ich vor sechs Jahren in meinem Buch *Aus kontrolliertem Raubbau* über Geoengineering schrieb, waren diese Technologien vor allem schräge Machbarkeitsfantasien eines kleinen Kreises von Klimaklempnern, vorangetrieben und mitfinanziert vom Software-Tycoon und Technik-Freak Bill Gates, der an einigen solcher Erfindungen Patente hält. Microsofts Ex-Technologie-Chef Nathan Myhrvold etwa machte den haarsträubenden Vorschlag, man könne die Schwefelberge, die in Kanada bei der ökologisch desaströsen Gewinnung von Öl aus Teersand entstehen, zur Sonnenverdunklung verwenden.

Tatsächlich können Schwefelpartikel die Sonne verdunkeln und die Erde »abkühlen«. Das passierte, als 1991 der philippinische Vulkan Pinatubo ausbrach und die Aschewolke in die

Stratosphäre gelangte: Die Temperatur sank weltweit um ein halbes Grad. Doch Untersuchungen belegen, dass Schwefelinjektionen auf der Nordhalbkugel den Monsun in Afrika und Asien beeinflussen. Das hätte dort, wo die Menschen bereits unter den Folgen des Klimawandels leiden, Dürren, Ernteausfälle und Hungerkatastrophen zur Folge.

Auf düstere Art und Weise spiegelt das Geoengineering so die Klimakatastrophe. Denn nichts verdeutlicht so sehr, dass Klimawandel und -politik eine Frage ungleicher globaler Machtverhältnisse sind: »Wenn Schwefelinjektionen in die Stratosphäre großflächige Dürren in Nordamerika und Deutschland zur Folge hätten und nicht in der Sahelzone und Indien, wer würde da noch diesen Plan B so ernsthaft erwägen?«, fragt Naomi Klein.[81] Die Geschwindigkeit, mit der solche Technologien als »letzter Ausweg« aus der Katastrophe auf die Agenda rutschen – obwohl sie alle nur auf dem Papier existieren und niemand weiß, ob sie überhaupt funktionieren –, steigt so rasant wie die Klimaerwärmung.

Der Weltklimarat hat Geoengineering viele Jahre gar nicht erwogen. Der 1,5-Grad-Report aber zählt sogenannte negative Emissionen zum Baukasten im Kampf gegen den Klimawandel: Man komme nicht umhin, der Atmosphäre CO_2 zu entziehen. Zu den am häufigsten diskutierten Technologien dafür zählt BECCS, das Speichern von CO_2 mithilfe gigantischer Pflanzenplantagen. Werden die Pflanzen dann zur Energiegewinnung verbrannt, sollen die Treibhausgase aufgefangen und unterirdisch gespeichert werden. Allerdings: Um die vom Pariser Klimaschutzabkommen festgelegte Emissionsgrenze zu erreichen, müssten dafür auf einem Drittel des weltweiten Ackerlandes Energiepflanzen wachsen. Das hätte absurderweise die Zerstörung von

Wäldern und anderen Ökosystemen zur Folge, deren Schutz dem Klima am meisten nutzen würde. Großflächige Monokulturen würden die kleinbäuerliche Landwirtschaft verdrängen und die Lebensmittelpreise in die Höhe treiben, Landkonflikte wären unvermeidlich. Man kennt die Folgen aus dem fatalen Irrtum Biosprit. Es gibt Wissenschaftler, die sagen, dass ein großflächiger Einsatz dieser Technologie mehr Arten zum Aussterben bringt als ein Temperaturanstieg von 2,8 Grad.[82] Geoengineering erscheint als letzte Hoffnung am Horizont, verspricht sie doch, dass wir weitermachen können wie immer, weil uns in den reichen Ländern des Nordens ein Technologiewunder rettet, abermals auf Kosten des globalen Südens. In dem Bestreben, den zerstörerischen Status quo zu erhalten, werden gefährliche Pläne B und C verhandelt, um Plan A zu verhindern, nämlich eine konsequente ökosoziale Transformation.

»Wir neigen dazu, Menschen am politischen Rand als Ideologen zu
behandeln und die in der politischen Mitte neutral zu finden –
als ob die Entscheidung, kein Auto zu besitzen, eine politische wäre,
die, eines zu besitzen, aber nicht.«

Rebecca Solnit, *Die Dinge beim Namen nennen*[83]

VI. IM PANZER DEM UNTERGANG ENTGEGEN

Wie der SUV zum Symbol für Abschottung und Klimazerstörung wurde

Der heißeste Juli seit Beginn der Wetteraufzeichnungen war gerade zu Ende, die Internationale Automobil-Ausstellung (IAA) warf ihre Schatten voraus, da twitterte Mercedes-Benz: »Falls dieser Sommer immer noch nicht warm genug war, dann heizt der Mercedes-AMG GLA 45 4Matic noch mehr ein – mit seiner heißen roten Lackierung.«[84]

Man musste schon damals kein Wissenschaftler sein, um zu bezweifeln, dass es nur die Lackierung des SUV Mercedes-AMG GLA 45 4Matic sein würde, die die Temperaturen zum Steigen bringen wird. In allererster Linie wird es der CO_2-Ausstoß sein: Laut Herstellerangaben beträgt der bei einem Verbrauch von 8,5 Litern Benzin auf 100 Kilometern nicht weniger als 198 Gramm CO_2 pro Kilometer.

Mehr als fünfeinhalb Millionen SUVs fahren in Deutschland herum – und es werden immer mehr. 2019 knackte die Zahl der neu zugelassenen SUVs und Geländewagen zum ersten Mal die Millionengrenze. Das ist verblüffend, denn einerseits ist ja gleichzeitig das Bewusstsein für die Folgen des Klimawandels gestiegen. Andererseits aber wächst die Nachfrage nach dekadentem Luxuskonsum, etwa nach Kreuzfahrten, elektronischen Gadgets und eben SUVs. Offensichtlich gelingt es immer noch vielen Menschen mühelos, solche Widersprüche zu überwinden: »Mit dem SUV zum Bio-Markt« ist ja schon zum geflügelten Wort geworden. Vielen anderen dient ihr SUV wohl eher als fahrbarer Mittelfinger, als Ausdruck einer kindischen »Jetzt-erst-recht-ihr-blöden-Ökos«-Haltung. Dazu würde der zitierte Werbespruch gut passen. Kein Wunder also, dass die Großstadtpanzer so viel Hass auf sich ziehen.

Mittlerweile ist jeder dritte PKW, der in Deutschland neu zugelassen wird, ein SUV. Zwischen 2008 und 2018 haben sich die Zulassungen von SUVs und Geländewagen in Deutschland beinahe vervierfacht. Der SUV-Boom ist wesentlich verantwortlich dafür, dass der Verkehr der einzige Sektor ist, in dem die Emissionen überhaupt nicht gesunken sind. Mit der Größe und Motorleistung dieser Autos stiegen auch deren Kraftstoffverbrauch und CO_2-Ausstoß an, obwohl dieser hätte sinken müssen.[85]

Diese monströsen Fahrzeuge, die praktisch nie im Gelände zu sehen sind, sondern in der Regel deutsche Innenstädte verstopfen, sind längst zum Symbol der Klimakrise und Inbegriff von Rücksichtlosigkeit geworden. Rollenden Ellenbogen gleich, sind sie wohl auch das ordinärste Emblem des Neoliberalismus, der das Recht des Stärkeren als individuelle Freiheit verbrämt. Davon können Fußgängerinnen und Radfahrer ein Lied singen, denen die zwei Tonnen schweren und bis zu fünf Meter langen Kolosse Platz, Bewegungsfreiheit, Luft zum Atmen und körperliche Unversehrtheit streitig machen.

Während SUV-Fahrerinnen und -fahrer in ihren Großstadtpanzern gut geschützt sind, ist die Gefahr, bei einem Zusammenstoß mit ihnen schwer oder tödlich verletzt zu werden, um ein Vielfaches höher als bei anderen Baureihen. Laut Bundesverkehrsministerium ist die Zahl der Zusammenstöße mit SUVs und Geländewagen seit 2011 auf das Doppelte gestiegen, während sie in allen anderen Segmenten gesunken ist.[86] Denn, auch das ist belegt, SUV-Halterinnen und -halter fahren rücksichtsloser und fühlen sich weniger an die Verkehrsvorschriften gefunden.[87] Dazu mag das Dominanzgefühl und Sicherheitsempfinden beitragen, das freilich stets zulasten der schwächeren Verkehrsteilnehmerinnen und -teilnehmer geht.

All das führte beispielsweise in München zu einem tödlichen Unfall, dem schwersten seit vielen Jahren. Im September 2017 raste ein BMW X5 mit 128 Kilometern pro Stunde ungebremst in einen voll besetzten Opel Corsa. Gerade hatte die Ampel auf Grün geschaltet, der Kleinwagen fuhr an, als ihn die Wucht des doppelt so schweren SUV über die Kreuzung katapultierte. Das Auto, in dem vier Menschen auf dem Weg zu einer Familienfeier waren, wurde zermalmt und geriet in Brand. Ein Geschwisterpaar und ein Freund starben, ihre Mutter, die Beifahrerin, wurde schwer verletzt. Der SUV-Fahrer blieb unversehrt.

Im Oktober 2019 fuhr in Berlin ein Porsche Macan mit 104 Kilometern pro Stunde in eine Fußgängergruppe und riss vier Menschen in den Tod – darunter ein dreijähriges Kind, das unter den Augen seiner Mutter und seines Bruders starb. Der Fahrer soll einen epileptischen Anfall gehabt haben und hätte wegen seiner Krankheit womöglich gar nicht Auto fahren dürfen.

Warum aber sind solche gefährlichen und umweltschädlichen Autos überhaupt zugelassen? Wie kann es sein, dass derlei Monstren, die bar jeder ökologischen Vernunft sind und im Wortsinn asozial, nicht längst verboten wurden?[88]

Falsches Freiheitsverständnis

Fragt man so oder so ähnlich zum Beispiel Andreas Scheuer, antwortet der Autominister, er wolle einen »Rückfall in die Trabi-Zeit« vermeiden. Er »warnt« davor, SUVs zu »verteufeln«. Große Worte, die gut zu großen Autos passen. Wer so spricht, hat eine Agenda. Und zwar keine, die allen Verkehrsteilnehmerinnen und -teilnehmern gleichermaßen gerecht würde, wie es sich für einen Verkehrsminister eigentlich gehörte. Die vollkommen legitime Frage, ob man sich derartige Autos noch leisten möchte angesichts von Klimakrise, Luftverschmutzung (mehr als die Hälfte der SUVs sind Diesel) und des Verkehrskollapses in den Städten, wird mit solchen Worten als kriegerischer Akt zwischen »Verbotsrhetorikern« und »Freiheitskämpfern« hingestellt. Der SUV wird schlicht zum »Feindbild« von Klima-Hysterikern, und welcher ewiggestrige Zukunftsverweigerer will schon dabei erwischt werden, wie er ein Feindbild pflegt?

Auch Axel Hacke mokierte sich, ganz im Geiste des CSU-Ministers, in seiner *SZ-Magazin*-Kolumne nicht über großkalibrige Kfz in deutschen Städten, sondern über einen Zettel mit dem Hinweis »Ihr Auto ist zu groß«, den er auf der Windschutzscheibe eines immerhin »regulär geparkten« SUVs entdeckte. Immerhin, denn ein »regulärer Parkplatz« ist für SUVs oft zu klein, weshalb der ADAC bereits gefordert hat, Parkhäuser künftig entsprechend größer zu bauen. Das bedeutet nichts anderes als: Die Autos müssen sich weder mit ihrer Größe noch mit ihrer CO_2-Bilanz in den öffentlichen Raum einfügen, vielmehr wird dieser wird ganz dem Auto untergeordnet.

In ihrem Buch *Imperiale Lebensweise* haben die Autoren Ulrich Brand und Markus Wissen dem SUV ein ganzes Kapitel gewidmet und beschreiben darin, wie sich im SUV-Boom »die

imperiale Lebensweise und ihre tendenzielle Verallgemeine-
rung« manifestieren. Zum einen, weil SUVs sich innerhalb einer
»unhinterfragten Normalität« etablieren konnten, in der Autos
in den Städten Vorrang haben. So erscheine es völlig »natürlich«, dass Kinder nicht auf der Straße spielen könnten und dass
durch Autos abgedrängte Radler auf Gehwege ausweichen und
dort mit Fußgängern in Konflikt geraten müssten. Zum anderen
wird auch die mitgelieferte Abschottung normal: »Der SUV ist
ein Mittel, um sich gegen eine undurchschaubare und vielfach bedrohliche Welt zu wappnen«, schreiben Brand und Wissen. Das
gelte nicht zuletzt auch angesichts der Klimakrise und ihrer Folgen wie Starkregen, Überschwemmungen und Stürme, denen ein
SUV besser trotzt als ein Kleinwagen. »Insofern wäre SUV-Fahren
eine individuelle Strategie (…) der Anpassung an den Klimawandel – eine Strategie, die gleichwohl das Phänomen, an das
sie sich anpasst, selbst verstärkt.«[89]

Diese Abschottung muss man sich allerdings leisten können –
ein SUV kostet ab 50 000 Euro aufwärts. In diesem Zusammenhang ist es interessant, dass sich der Protest der Gelbwesten auch
daran entzündete, dass die Regierung Macron wegen der Diesel-
Problematik die TÜV-Kontrollen verschärfen wollte. Es hätte
wohl vor allem die Bürger mit dem schmalen Geldbeutel getroffen, die die entsprechenden Nachrüstungen selbst hätten zahlen
müssen, um ihre Autos behalten zu können. Während sich
Emmanuel Macron zu seinem Amtsantritt im überdimensionierten Premium-SUV DS 7 Crossback fahren ließ.

SUV-Fahren ist die Mobilität der herrschenden Klasse und derer, die ihr gern angehören würden. Wer SUV-Besitz als »Freiheit« verteidigt, verteidigt deren Privilegien. Es ist nicht sehr

überraschend, dass die SUV-Apologeten vor allem männliche Angehörige der Mittelklasse sind, die dem distinktiven Konsum der Oberklasse nacheifern. Der Autohersteller Ford fand in einer Umfrage heraus, dass ein SUV bei mehr als einem Drittel der 17- bis 34-Jährigen in Deutschland als zentrales Erfolgssymbol gilt. Ein Drittel derer, die keinen SUV fahren, würden gerne einen solchen besitzen. Zwar sind die meisten SUV-Fahrerinnen und -Fahrer in einem Alter, in dem man sich ein solches Gefährt auch leisten kann, sprich: sie sind Mitte vierzig, eher fünfzig plus.

Doch die SUV-Werbung richtet sich vor allem an vermögende Großstadt-Hipster, denen konservative Luxuskarossen nicht in die Garage kommen. Freiheit und Abenteuer erleben, Grenzen überwinden, Unabhängigkeit spüren – das steht im Zentrum der Kampagnen. Besonders betont werden Individualität und Kompromisslosigkeit.

All das, was die Autos für viele Bürger und Bürgerinnen zum Inbegriff von Ignoranz macht, wird positiv umgedeutet: »Dein Weg. Dein SUV« (VW Tiguan), »Wo ein Q ist, ist auch ein Weg« (Audi Q3), »Die neue Unabhängigkeit« (BMW X3), »Für diejenigen, die ihrem eigenen Ziel folgen« (BMW X7), »Raus ins Leben« (Renault Captur) lauten die Claims. Die Industrie bewirbt SUVs und Geländewagen als Lifestyle-Autos für die Großstadt. Land Rover präsentiert seinen Range Rover Evoque in der Kampagne »Live for the City« als geeignetes Fahrzeug, um im »Großstadtdschungel« auf Abenteuerjagd zu gehen: das Riesenauto als Teil urbaner Kultur.[90]

Freilich behauptet die Autoindustrie, sie würde sich lediglich an den Wünschen der Kunden orientieren. Das behauptet die Industrie immer, wenn sie die Verantwortung für ihre schädlichen

Produkte von sich weist. Tatsächlich aber ist die Omnipräsenz der SUVs nicht nur dem Profitstreben der Industrie, sondern auch einer Politik geschuldet, die seit Jahrzehnten nach den Wünschen und Anregungen der Autoindustrie regiert. Gerechtfertigt wird diese Willfährigkeit gegenüber der Autoindustrie immer mit dem Hinweis darauf, dass diese die Arbeitsplätze in Deutschland sichere. Jeder siebte Arbeitsplatz in Deutschland stehe direkt oder indirekt mit der Autoindustrie in Verbindung, behauptete Angela Merkel auf der Internationalen Automobil-Ausstellung 2014. Diese Zahl hat der Verband der deutschen Automobilindustrie 1980 in die Welt gesetzt und sie war schon damals falsch. Die Autolobby zählte nämlich einfach alles zusammen, was in irgendeiner Form mit dem Auto zu tun hat: So gehören dann Bus- und Taxifahrer, Tankstellenwärter, Parkhauspförtner, Straßenbauarbeiter genauso zu denen, die von der Autoindustrie abhängig sind, wie Holzfäller (weil manche Armaturenbretter aus Holz sind) oder Textilarbeiter (weil Autositze mit Stoff bezogen sind). Solche Mischkalkulationen gibt es aber in der volkswirtschaftlichen Gesamtrechnung nicht. Rund 800 000 Menschen arbeiten in Deutschland in der Autoindustrie und bei ihren Zulieferern. Das wäre – bei 46 Millionen Beschäftigten – also nur jeder 55. Arbeitsplatz. Zählt man die Reparaturwerkstätten dazu, wäre es jeder 35. Arbeitsplatz.[91] Die mit Abstand größte Branche mit mehr als fünf Millionen Beschäftigten ist in Deutschland jedoch das Gesundheitswesen. Für dieses legt sich allerdings die Politik bei Weitem nicht so ins Zeug wie für die Autoindustrie.

Wie die Politik den SUV-Boom einleitete

Bereits Mitte der Neunzigerjahre diskutierte die EU einen verpflichtenden Grenzwert für den CO_2-Ausstoß von Pkws: 120 Gramm pro Kilometer. Er wurde nicht beschlossen. Stattdessen gab die EU 1998 der Forderung des Verbands der europäischen Autohersteller (ACEA) nach, den CO_2-Ausstoß freiwillig zu senken – auf 140 Gramm pro Kilometer im Jahr 2008. Dies sollte nicht mit neuen technischen Entwicklungen erreicht werden, sondern dadurch, dass der Anteil der neu zugelassenen Diesel erhöht würde. Weil diese effizienter betrieben werden konnten, wurde ein niedrigerer CO_2-Ausstoß erwartet.[92]

Doch dazu kam es nicht, wie man weiß. Vielmehr hat der Diesel-Boom den Städten ein Luftproblem eingebrockt und verhindert, dass sich kleinere und verbrauchsärmere Autos in Europa durchsetzen konnten. Stattdessen bauten die Autohersteller vermehrt SUVs und Geländewagen und statteten sie mit Dieselmotoren aus. Vor dem Diesel-Skandal waren siebzig Prozent der SUVs Diesel. Weil der Unterhalt der spritschluckenden SUVs durch die Steuerbegünstigung von Diesel günstig war, breiteten sich SUVs und Geländewagen auch jenseits des Premium-Segments aus. In jenen Jahren, in denen die Autoindustrie den CO_2-Ausstoß ihrer Flotte hätte senken sollen, baute sie also immer größere und schwerere Autos und brachte das Fahrzeugkonzept SUV auf den Markt.

Den Anfang machte Daimler im Jahr der Vereinbarung 1998 und brachte mit seiner M-Klasse erstmals in Deutschland einen SUV auf den Markt. Bald zogen BMW, Volkswagen, Porsche und Audi nach.

Je voluminöser und teurer, desto größer die Gewinnmarge. Sparsame, aber wenig lukrative Autos – etwa das 3-Liter-Auto

VW Lupo – wurden eingestellt oder aufgrund viel zu hoher Aufpreise in eine Nische verbannt.

2008 lagen die CO_2-Emissionen bei neu zugelassenen Pkw in der EU schließlich bei durchschnittlich 154 Gramm CO_2 pro Kilometer anstatt, wie versprochen, bei 140 Gramm pro Kilometer.[93]

Nach der gescheiterten Selbstverpflichtung wollte die EU die CO_2-Reduktion gesetzlich verankern – auf 120 Gramm pro Kilometer bis 2012. Die deutsche Bundesregierung intervenierte, setzte einen um zehn Gramm höheren Grenzwert durch und schaffte es, das Zieljahr auf 2015 zu verschieben. Der wichtigste Erfolg der deutschen Autoindustrie aber: Der Grenzwert wurde dem Gewicht angepasst. Je schwerer das Auto, desto mehr CO_2 darf es ausstoßen. Besser hätte es für die Hersteller schwerer SUVs nicht laufen können.

SUVs und andere Spritschlucker wurden in Deutschland durch die sogenannten Effizienzklassen A+ bis G sogar noch besser gestellt. Das 2011 eingeführte CO_2-Label für Neuwagen verrechnet dabei CO_2-Ausstoß und Gewicht miteinander.[94] Damit erscheinen schwere Fahrzeuge wie SUVs, Geländewagen, Vans und Mittelklasse-Pkw umweltfreundlicher als kleine und sparsame Autos: Der Audi Q7, der auf einem Kilometer im Schnitt üppige 180 Gramm CO_2 ausstößt, bekam eine hellgrüne B-Kennzeichnung, während etwa ein Smart mit Emissionen von weniger als 90 Gramm CO_2 pro Kilometer mit einem gelben C abgestraft wurde. Als »gesetzlichen Artenschutz« für Oberklasse, SUV und Sportwagen bezeichnet dies Eckard Helmers von der Hochschule Trier in einem Gutachten für den BUND und den Verkehrsclub Deutschland.[95] Das habe verhindert, dass die Autobauer leichte und sparsame Autos auf den Markt brächten, mit denen die Abgasgrenzen schon vor Jahren hätten unterschritten werden können.

So aber stiegen die CO_2-Emissionen im Verkehr an und lagen laut Ökoinstitut 2017 über dem Wert von 1990.[96] Die Deutsche Umwelthilfe stellte Antrag auf Akteneinsicht beim Bundeswirtschaftsministerium (BMWi). Dreieinhalb Jahre später und erst nach einem Urteil des Europäischen Gerichtshofs in Luxemburg gewährte das BMWi der Umwelt- und Verbraucherschutzorganisation Einblick in interne Akten zum Zustandekommen der Novelle der Energieverbrauchskennzeichnung von Pkw. Daraus wurde ersichtlich, dass die Autoindustrie das Gesetz geschrieben hatte.[97]

SUVs sind das Ergebnis einer verfehlten Klimapolitik des »weiter so«. Es war insbesondere die deutsche Bundesregierung, die dabei geholfen hat, die rollenden Klimakiller auf die Straße zu bringen, und dies in einer Zeit, in der sich Angela Merkel den Ruf einer Klimakanzlerin erwarb. Greenwashing ist also nicht nur eine Methode des Industrie, sich ein Image zu geben, das mit der realen Produktion herzlich wenig zu tun hat, es ist auch eine Methode der Politik, sich einen klima- und naturschutzbesorgten Habitus zuzulegen, aber Gesetze zu erlassen, die die Umweltzerstörung fördern. Diese Augenwischerei, die von den Wählern teils goutiert, teils geahnt, teils verspätet wahrgenommen wird, führt bei vielen Menschen nicht zuletzt zu einer zynischen Haltung gegenüber der Klimakrise. Dass man in Sachen Klima- und Umweltschutz anders handelt, als man spricht, gehört zur Staatsraison. Genau genommen, macht der Bürger im Kleinen nach, was die Regierung im großen Stil vorexerziert.

Sind solche Produkte oder Technologien also erst einmal etabliert, ist es schwer, sie wieder abzuschaffen. Wie Kohlekraftwerke für Energieriesen sind SUVs für die Autoindustrie reine

Gelddruckmaschinen. Kein Wunder, dass die Autoindustrie ihren ganzen politischen Einfluss dafür nutzt, an diesem lukrativen Geschäftsmodell festzuhalten.

CO_2-neutrale Spritschleudern

Ab 2021 soll nun das neue Klimaschutzziel der EU gelten. Dann dürfen Fahrzeugflotten nur noch 95 Gramm CO_2 je Kilometer ausstoßen, sonst müssen Autobauer horrende Strafen zahlen. Bis 2030 soll der Ausstoß nochmals um 37,5 Prozent sinken.

Klingt gut – allerdings können die Konzerne Fahrzeuge in der Flotte, die weniger als fünfzig Gramm CO_2 ausstoßen, zunächst noch auf die Flottenbilanz anrechnen. Rein rechnerisch kann auf diese Weise ein Elektroauto mehrere SUVs mit hohen CO_2-Emissionen kompensieren.[98] »Supercredits« wird diese Möglichkeit genannt, und für sie haben die Autolobbyisten besonders gekämpft. Angela Merkel hat ihnen diesen weiteren Gefallen gerne erwiesen.

Hinter der groß verkündeten »Elektro-Strategie« der Autokonzerne verbirgt sich in Wahrheit ein Rettungsprogramm für SUVs. Viele der neuen oder geplanten Elektrofahrzeuge, mit denen die Hersteller »Supercredits« einheimsen, sind nämlich große Hybrid- und Elektro-SUVs und Geländewagen. Je größer und leistungsstärker die Autos, desto mehr Rohstoffe braucht aber ihre Produktion: Eine E-SUV-Batterie bringt achthundert Kilo auf die Waage – so viel wie in den Siebzigerjahren ein VW Polo. Bereits 2015 ging die Hälfte der global nachgefragten Seltenen Erden in Magnete, die in Elektromotoren verbaut sind. Der erwartete steigende Bedarf an Lithium und Kobalt, die in den Batterien verbaut werden, übertrifft die heute abgebauten

Mengen um ein Vielfaches. Das würde bedeuten, dass für E-Autos neue Abbaugebiete erschlossen und Minen gebaut werden müssen – was meist mit Konflikten um Land und dessen Bewohner sowie mit Umweltzerstörung einhergeht.

2016 brachte Audi den SUV Q7 als Hybrid auf den Markt. Auf dem Papier klingt der nach einem reinen Öko-Auto: 1,7 Liter Verbrauch, 46 Gramm CO_2 pro Kilometer, Effizienzklasse A+. Mit der Realität hat das aber nichts zu tun: Tatsächlich verbraucht der Wagen zwischen 6,3 und 7,4 Liter auf 100 Kilometer.[99] Denn je nach Ladezustand kann nur bis zu einem Drittel der Fahrten mit einem Plug-in-Hybrid rein elektrisch zurückgelegt werden. Entsprechend liegt der CO_2-Ausstoß des Hybrid-Q7 nicht bei 46, sondern bei 195 Gramm pro Kilometer – viermal so hoch, wie vom Hersteller angegeben. Hybrid-Kolosse werden zum Öko-Fahrzeug schöngerechnet, indem der Verbrauch beider Antriebe addiert wird: Die angeblichen Null-Emissionen des E-Antriebs (sowieso fällt bei dieser Rechnung auch der CO_2-Ausstoß bei der Batterieproduktion unter den Tisch) werden mit dem CO_2-Ausstoß des Dieselantriebs verrechnet.[100]

Mit solchen hübschen Tricks kann sich die Autoindustrie zum emissionsfreien Klimaschützer stilisieren, obwohl sie weiterhin SUVs herstellt. Und nichts anderes hat sie im Sinn. Zwar wollen alle Marken bis 2025 etwa 25 Prozent ihrer verkauften Pkw elektrifizieren. Doch setzen sie bei den verbleibenden 75 Prozent weiterhin auf SUVs und Autos mit Verbrennungsmotoren. Bis 2025 will etwa der Volkswagen-Konzern, dessen Autos für ein ganzes Prozent des weltweiten Treibhausgasausstoßes verantwortlich sind, mehr als dreißig SUVs und Geländewagen der

Marke VW anbieten. Dann werde jeder zweite Pkw von VW ein SUV sein, kündigte Vertriebschef Jürgen Stackmann im Oktober 2018 an, sie seien »eine Wachstumsmaschine«. Man müsse weiter SUVs bauen, damit man mit den Einnahmen daraus die Elektrostrategie finanzieren könne.[101]

Andere Konzerne sind nicht besser: Vergangenen Herbst kam der neue Mercedes GLS auf den Markt. Von Daimler als »Ausdruck innerer Stärke« beworben, demonstriert er diese vornehmlich nach außen: Das Modell mit einem Einstiegspreis von 85 000 Euro ist jetzt mit 5,20 Metern doppelt so lang wie ein Smart. Zehn Liter soll das Gefährt verbrauchen und 223 Gramm CO_2 pro Kilometer ausstoßen. Mit seiner Höhe von 1,82 Metern passt es nicht mehr in europäische Tiefgaragen. Dafür hat Daimler sich einen besonderen Trick einfallen lassen: Die Fahrer können vor der Einfahrt etwas Luft aus den Reifen lassen.

Größenwahnsinnig im Wortsinn ist jedoch der X7, den BMW kurz zuvor auf den Markt gebracht hat: 5,15 Meter lang und knapp zwei Meter breit. Dass BMW noch mitten in der Klimadebatte mit dem Zweieinhalbtonner X7 (198 g CO_2/km) ein solches »Statement der Luxusklasse« setzt, lässt das Riesenauto zur Karikatur des SUV-Booms geraten.

Die Akzeptanz solcher Monster hängt vermutlich nicht nur mit den Allmachtsfantasien ihrer Käufer zusammen. Sie bedienen auch das im Zuge der Digitalisierung gestiegene Bedürfnis, jederzeit alle Zerstreuungsmöglichkeiten zur Verfügung zu haben. In diesen überdimensionierten rollenden Kreuzfahrtschiffen können die Autofahrer, durch Navigatoren von allen Orientierungszwängen befreit, die Autotelefone für Geschäftsgespräche einschalten. Die Beifahrer starren auf die eingebauten TV-Bild-

schirme, die Kinder haben Platz genug, ganze Brettspiele auszu-
packen, alle können jederzeit wie am Küchentisch speisen.
Wer's nicht so kuschelig mag, dem ermöglichen entsprechende
Lautsprechersysteme, dass im selben Auto alle Mitfahrenden
unterschiedliche Musik hören können. Und für die Romantiker-
innen unter den SUV-Fans lässt sich ein Sternenhimmel an die
Autodecke zaubern.

Fahrspaß hat also längst nicht mehr nur eine PS-Dimension
im Sinne der »freien Fahrt für freie Bürger«. Von der kann nämlich überhaupt keine Rede mehr sein. Das in den letzten vierzig
Jahren um neunhundert Prozent gestiegene Verkehrsaufkom-
men überfordert längst den Straßenbau. Und weil die endlosen
Baustellen in allen Bundesländern für immense Stauzeiten sorgen, ist es für die Industrie wichtig, dass der Komfort und das
Unterhaltungsangebot stetig wachsen, damit die Konsumenten
die Fahrzeit nicht als reine Leidenszeit empfinden und deshalb
womöglich auf die Idee kommen könnten, anderen Transport-
mittel ihre Präferenz zu schenken. Entsprechend arbeitet die
Autoindustrie verzweifelt an Möglichkeiten, mit digitalem Info-
tainment auch selbst Geld zu verdienen. Und durch das auto-
nome Fahren wird das Auto dann vollends zu einer Art Google
der physischen Welt werden, zu einer rollenden Plattform und
einer Schnittstelle digitaler Dienste.

Einstweilen aber boomen die SUVs der deutschen Autoindustrie
nicht nur in Deutschland: Mit 16,5 Millionen Autos produziert
sie rund ein Viertel der Pkws auf der Welt. Rund neunzig Prozent der Exporte nach Asien und Nordamerika sind dabei Pre-
mium-Autos; in der deutschen Auslandsproduktion ist der Anteil von Geländewagen und SUVs um 41 Prozent gestiegen.[102]

Das widerlegt das Argument, dass der Klimaschutz in Deutschland global kaum etwas ausrichten könnte, denn die deutschen Autobauer, über die die Politik ihre schützende Hand hält, beeinflussen ganz erheblich, mit welchen Autos Besserverdienende auf der ganzen Welt fahren. Die können das neuerdings auch noch mit einem astreinen Öko-Gewissen tun: Landrover wirbt damit, dass sein SUV-Modell Evoque mit Sitzbezügen aus 53 recycelten Plastikflaschen geordert werden kann.[103]

»Und die alten weißen Männer wussten, dass sie nicht nur von einem sonderbaren, furchtlosen Mädchen infrage gestellt werden. Sondern von der Generation, die sie zu opfern bereit waren.«

Georg Seeßlen[104]

VII. SCHRECKGESPENST ÖKODIKTATUR

Warum die vermeintlichen Demokratieverteidiger die Privilegien der Zerstörer schützen

Ganz egal, ob es sich um den Atom- oder den Kohleausstieg handelt, um den Hambacher Forst, die Energiewende, Windräder, Fahrverbote, SUVs oder ein Tempolimit auf deutschen Autobahnen, um Gentechnik, Glyphosat, ökologische Landwirtschaft oder den Schutz von Insekten, um die Kritik an hohem Fleischverzehr, Billigfliegern oder Kreuzfahrtschiffen: Der postwendende Aufschrei der Öko-Hasser gehört von jeher zum verlässlichen Hintergrundrauschen jeder umweltpolitischen Debatte. Mit schöner Regelmäßigkeit schüren konservative, neoliberale und rechte Politiker und Kommentatoren (es sind, bis auf wenige Ausnahmen, immer Männer) die allgemeine Paranoia, indem sie eine »Verbotsgesellschaft«, eine »Umerziehungskultur« und die dräuende »Ökodiktatur« heraufbeschwören. In der *FAZ* klingt das dann so: »Ein Bündnis von Verbotsrhetorikern und Verzichtspredigern hat sich zusammengefunden, die den staatlichen Eingriff in die individuelle Bürgerfreiheit mit übergeordneten moralischen Zielen legitimieren. Um die Gattung zu retten, wird das einzelne Individuum bevormundet, erzogen und am Ende entmachtet«, schäumt Rainer Hank in seinem Kommentar »Nichts gegen das Auto«.[105]

Derlei Hysterie ist schon alleine deshalb lächerlich, weil in Deutschland von massenhaften Verboten für den Umwelt- oder Klimaschutz nicht die Rede sein kann, geschweige denn vom Abbau schädlicher Produkte, Industrien, Konsum-, Ernährungs- oder Mobilitätsmustern. Das hat ja das Klima-Paket der Bundes- regierung unter Beweis gestellt. Dennoch werden Klima- und Umweltschutz nicht als Fragen globaler Gerechtigkeit, die unab- dingbar für den Erhalt unserer Lebensgrundlagen sind, disku- tiert – sondern als Zumutung, als Freiheitsbeschneidung, ja, sogar als antidemokratische Gewaltherrschaft: Das ständige Herauf- beschwören einer »Ökodiktatur« beinhaltet eine absurde Täter- Opfer-Umkehr.

Es suggeriert, dass Verbote grundsätzlich diktatorisch seien, als gäbe es nicht in allen Bereichen der Gesellschaft Einschrän- kungen, die dem Schutz allgemeiner Interessen dienen. Es gibt ja gute Gründe dafür, dass niemand seine Waschmaschine im Wald entsorgen oder Himmelslaternen benutzen darf, die dann, wenn's dumm läuft, zum Beispiel ein Affenhaus im Zoo in Brand set- zen, sodass dreißig Tiere darin elend sterben, wie es in Krefeld geschah.

»Das Prinzip der Freiheit hat sich bewährt. Wer 120 fah- ren will, kann 120 fahren. Wer schneller fahren möchte, darf das auch. Was soll der Ansatz der ständigen Gängelung?«. tobte Autominister Andreas Scheuer gegen das Tempolimit. Und die CDU-Vorsitzende Annegret Kramp-Karrenbauer ist überzeugt, man würde mit einem Tempolimit »Autofahrer quälen und be- strafen«, die Ärmsten. Wie überbesorgte Helikoptereltern, die von der Kindergärtnerin fordern, das Eis in der Mikrowelle an- zuwärmen, damit es nicht zu kalt ist[106], so schützt die Helikop- terregierung stets den Einzelnen und seine Konsumfreiheit, die in der Regel aber zulasten der Allgemeinheit geht, und sowieso Freiheit und Profite von Konzernen. Vorneweg die der Autoindustrie: Nach dem Dieselskandal erwog die Regierung sogar, Gesetze zu ändern, um die Fahrverbote zu verhindern, die die Deutsche Umwelthilfe (DUH) vor Gericht erstritten hatte.

Es sind zunehmend Gerichte, die für den Schutz der Allgemeinheit einspringen müssen: Der Europäische Gerichtshof hat die Bundesregierung immer wieder verklagt, zum Beispiel wegen Luftverschmutzung durch Stickoxide und wegen zu hoher Nitratwerte in deutschen Gewässern.

Es ist also kaum überraschend, dass die Fridays-for-Future-Bewegung und insbesondere die schwedische Aktivistin Greta Thunberg das konsumversessene Establishment zur Weißglut treiben. Jahrelang hat jenes die Jugend ermahnt, ihres eigenen Glückes Schmied zu sein. Und jetzt macht sie das doch tatsächlich! Aber eben ganz anders, als die alten weißen Herren sich das vorgestellt haben. Die viel beschworenen »künftigen Generationen« und »unsere Enkel« weigern sich, als Ausrede dafür benutzt zu werden, dass drängende Probleme in die Zukunft verschoben werden. Sie haben sich mit ihren Protesten sichtbar gemacht. Die jungen Menschen widersetzen sich den Autoritäten und verweigern ihnen den Gehorsam, etwa indem sie dem Unterricht fernbleiben. Sie stellen Privilegien und Bequemlichkeiten infrage, auf die sie vermutlich ohnehin werden verzichten müssen, die aber heute schon ihre Zukunft bedrohen. Sie sprechen Tatsachen aus, die jeder Viertklässler und jede Viertklässlerin verstehen, die viele Erwachsene aber nicht hören wollen, weil sie es sich wohlig im Status quo eingerichtet und die Kunst, Widersprüche auszuhalten, zur Perfektion getrieben haben.

»Hierin besteht gerade die Stärke der Auftritte von Greta Thunberg. Sie spricht in einem seit Langem nicht mehr gehörten Ton der existenziellen Ernsthaftigkeit, der allein der gegenwärtigen Lage angemessen ist«, schreibt der Politologe Albrecht von Lucke.[107] »Indem sie, wie auch die Jugendlichen bei ›Fridays for Future‹, verlangt, die Probleme in ihrer ganzen Dramatik zur Kenntnis zu nehmen, setzt sie Moral und Ernst gegen die herrschende Haltung, die sich mit Ironie gegen die Angst vor der Zukunft immunisiert. (…) Der neue radikale Ernst, diese Unbedingtheit der Jungen steht in totalem Kontrast zum Ironiegebot einer pubertären Spaßgesellschaft.«

Hysterische Abwehrreaktionen

Umso schriller und aggressiver sind die Töne, die ihre Gegner anschlagen: In den User-Kommentaren unter den Facebook-Posts, Tweets und Online-Artikeln zu Fridays for Future finden sich solche, die sich für die Schülerinnen und Schüler »eine Tracht Prügel« oder gleich »Arbeitslager« wünschen. Die Facebook-Gruppe »Fridays for Hubraum« (siehe »Ironiegebot der Spaßgesellschaft«) musste nach kurzer Zeit geschlossen werden, weil sich die Morddrohungen gegen Greta Thunberg häuften.

Der Hass beschränkt sich allerdings nicht auf soziale Netzwerke. Auch von Politikern und Meinungsführern wird die junge Frau dämonisiert, verspottet oder pathologisiert. Mal sind es Verschwörungstheorien der Art, dass Greta Thunberg eine »Marionette« sei, ein »Propaganda-Instrument« und »Opfer ihrer Eltern« (*Tichys Einblick*), mal sind es Witze (»Ich bin gespannt, was Greta macht, wenn es kalt wird. Heizen kann es ja wohl nicht sein«, Dieter Nuhr), mal ist es vergiftetes Mitleid ob ihrer

Diagnose (Jan Fleischhauer, Paul Ziemiak), die vorwurfsvolle Behauptung, Gretas Alterskohorte habe »die beste Jugend gehabt, die es jemals überhaupt in diesem Teil der Welt gegeben hat« (Friedrich Merz), oder schlicht der Vorwurf der »Klima-Hysterie« (Stefan Aust, *Die Welt*). Im Anschluss an solche Ausfälle folgt dann reflexhaft die larmoyante Klage darüber, dass man derlei ja heute gar nicht mehr sagen dürfe: »Im Kern geht es darum, eine Art intellektueller Duldungsstarre auszulösen. Wer sich erdreistet zu widersprechen, gilt als herzlos und moralisch fragwürdig« (Fleischhauer). »Angeblich sind sich zwischen 97 und 99,5 Prozent aller Wissenschaftler einig, dass die Klimakatastrophe menschengemacht ist. Wer diese unumstößlichen Tatsachen der Computermodelle anzweifelt, ist ein Klimaleugner, entweder nur dumm oder in fragwürdiger politischer Gesellschaft« (Stefan Aust). »In Deutschland ist eine Stimmung wie 1434. Wer Witze macht, spürt heute die Macht der Inquisition« (Dieter Nuhr). Wer die Kritikerinnen und Kritiker ökologischer und gesellschaftlicher Machtverhältnisse von vorneherein diskreditiert, muss sich dann auch nicht mit deren Argumenten auseinandersetzen.

Derlei »Überempfindlichkeiten«, »Denk-« und »Redeverbote« werden immer von denen beklagt, die am lautesten brüllen, aber keinen Widerspruch ertragen. Denn in dieser Scheindebatte geht es um die Deutungshoheit derer, die ihre Privilegien schützen wollen, während sie vorgeben, die Interessen der Allgemeinheit zu vertreten. Weil das nicht mit Fakten und Argumenten geht, werden die Gegnerinnen und Gegner eben delegitimiert. Zum Beispiel, indem man sie als »religiöse Eiferer« diffamiert. So ist am rechten Rand die Rede vom Klimaschutz als »Ersatzreligion«: »mächtigste Ersatzreligion« (Alexander Gauland, AfD),

»klimareligiöse Wohlstandsvernichtung« (Jörg Meuthen, AfD), »Klima-Hysterie als Ersatzreligion« *(Compact Magazin)*, »kindhaft-bezopfte Prophetin«/»moderne Heilige«/»unantastbare Seherin« (Matthias Matussek, *Deutschland Kurier*). Und diese Rhetorik ist längst in den Mainstream geschwappt. Von »Kinderkreuzzügen« ist nun dort die Rede (Stefan Aust, *Die Welt;*), vom »Klimaschutz als Religion« (Holger Steltzner, *FAZ*), vom »Klimatismus als anerkannte Religion« (Harald Martenstein, *Die Zeit*), von »Schulschwänzern«, die »heiliggesprochen werden« (Christian Lindner, FDP), von den »Potsdamer Klima-Gurus« (Stefan Aust über die Wissenschaftlerinnen und Wissenschaftler am Potsdam-Institut für Klimafolgenforschung) und von einer »rasant aufstrebenden Säkularreligion« (Philipp Möller, Autor und FDP-Mitarbeiter). Schlimmer als die Häme, die aus solchen Worten trieft, ist aber, dass dieses Narrativ ebenso wirkmächtig ist wie die Lüge, es gäbe keinen menschengemachten Klimawandel. So wird der Klimawandel zur Glaubensfrage. Doch Glauben ist das Gegenteil von Aufklärung und Wissenschaft.

Es gehört zur Täter-Opfer-Umkehr, dass der Klimaschutzbewegung ihr Schwarz-Weiß-Denken vorgeworfen wird, während ihre Kritiker ein auswegloses Entweder-Oder konstruieren, indem sie Klimaschutz zur »Ökodikatur« erklären (was das sein soll, wird von niemandem näher ausgeführt), im Gegensatz zu ... – ja, zu was denn eigentlich? Zur neoliberalen Ideologie des Individualismus, die als »Freiheit« und »offene Gesellschaft« verbrämt wird?

Ich frage mich das ja schon lange: Glauben denn Klimaschutzskeptiker und Besitzstandswahrer wirklich, dass Nichtstun eine Alternative sei? Dass dann (zumindest für sie) einfach alles bleibt, wie es ist, dass sie nichts von den Folgen des Klimawandels spüren werden?

Nun desavouieren sich die üblichen Verdächtigen immer wieder selbst, je dümmer sie sich stellen und je schäbiger, plumper und überspannter ihre Anfeindungen sind – zum Beispiel, wenn FDP-Chef Lindner behauptet, das Klimapaket sei »Stückwerk, um Greta Thunberg zu besänftigen«.

Beunruhigender allerdings ist, dass solche Argumente auch von Intellektuellen vorgetragen werden. In einem Beitrag im Deutschlandfunk stellt der Philosoph Christian Schüle »zwei machtvolle Bewegungen«, die die »liberale Demokratie bedrohen«, auf eine Stufe: »die Umwertung der Werte von rechts außen und die Politisierung der Scham im Namen der Weltverbesserung«. »Denkfaule Demokratieverächter« ist der Titel eines Essays des Soziologen Armin Nassehi in der *Süddeutschen Zeitung* zum Klimaschutz. Die Fernsehmoderatorin Dunja Hayali, die für ihr Engagement für »Freiheit und Demokratie« den Bundesverdienstorden erhalten hat, findet zwar »die Beleidigungen und Bedrohungen gegen die Gründerin Greta Thunberg unerträglich drastisch«, aber halt eben auch »die Forderungen von manch Klimaschutzüberzeugtem immer weitgehender«.

In ihrer Dankesrede zur Verleihung des Heinrich-Böll-Preises mahnt die Schriftstellerin und Juristin Juli Zeh in Bezug auf Greta Thunberg und Fridays for Future, dass zivilgesellschaftliches Engagement »ins Bedrohliche« umschlagen könne, »wenn es der Behauptung entspringt, dass das demokratische System und seine Repräsentanten überhaupt nicht (mehr) in der Lage seien, den Herausforderungen unserer Zeit gerecht zu werden«.[108]

»Aber wenn das Klimathema Religionscharakter hat, wenn strenge Klimapolitik als unverzichtbar gilt, wo bleibt da die Opposition? Es sieht manchmal so aus, als würde sie nicht geehrt, sondern diskreditiert«, schreibt Dirk Kurbjuweit im *Spiegel*.

»Wenn das wieder geschieht [wie beim Thema Flüchtlinge, Anm. K.H.], wählt ein Teil der eingefleischten SUV-Fahrer oder Mallorca-Urlauber bald AfD und macht sie noch stärker. (...) Wenn immer mehr Bürger, vielleicht aus Angst vor den Folgen des Klimawandels, grün wählen würden und die Grünen irgendwann siebzig Prozent oder mehr hätten, könnten sie herrschen, ihre Macht missbrauchen, wenn sie das wollten, ohne demokratische Kontrolle. Und eine Ökodiktatur wäre nicht nur eine Diktatur in ökologischen Fragen, sondern zwangsläufig in allen Fragen.«[109]

Inwiefern ein demokratisch zustande gekommenes Wahlergebnis von siebzig Prozent eine Diktatur nach sich zöge, verrät Kurbjuweit nicht. Und auch der Rest sind reichlich abenteuerliche Fantasien.

Denn eine Umfrage von ausgerechnet *Spiegel Online* förderte zutage, dass gerade unter den SUV-Fahrern die AfD-Wähler besonders stark vertreten sind: Die Halter jener Fahrzeuge gaben besonders häufig an, konservativ oder rechts eingestellt zu sein.[110] Und einmal ganz abgesehen davon, dass die Grünen weit davon entfernt sind, fast drei Viertel der Stimmen zu bekommen: Ein derartiges Ungleichgewicht hat es in der Bundesrepublik Deutschland noch nie gegeben.

Ohnehin haben die Grünen, wo sie in Regierungsverantwortung sind oder waren, weiß Gott nie eine radikale Ökopolitik betrieben. Im Gegenteil: Die rot-grüne Bundesregierung hat die Liberalisierung der Finanzmärkte in die Wege geleitet, Privatisierungen beschleunigt, die Agenda 2010 mitgezimmert und eine Politik für Reiche zementiert. Die meisten Vielfliegerinnen und -flieger wählen grün, seit dem Veggie-Day-Desaster traut sich die Partei nicht mal mehr, das Wort »Verbot« in den Mund zu nehmen, und träumt stattdessen von grünem Wachstum.

Wegen ihrer Kompromissbereitschaft bis hin zur Selbstaufgabe (»Realpolitik«) hat unter anderem der CDU-Politiker Friedrich Merz, Aufsichtsratsvorsitzender des Konzerns Blackrock (womöglich in Cum-Ex-Geschäfte verwickelt), die Grünen als »sehr bürgerlich, sehr offen, sehr liberal und sicherlich auch partnerfähig« gelobt.

Ausgerechnet in dem Moment, in dem die Zivilgesellschaft aufsteht – und nicht nur gegen die unzureichende Klimapolitik, sondern auch für das Recht auf Wohnen und gegen den Rechtsruck der Gesellschaft – haben antipolitische Kampfbegriffe wie »Klimareligion« im Namen der Demokratieverteidigung auch ins Feuilleton Eingang gefunden.[111]

Ganz besonders in Deutschland ist es ja beliebt, links und rechts entweder als gleichermaßen gefährliche Extreme hinzustellen oder als jeweils legitime Meinung (»Pro und Contra«). Wahnwitzige Thesen, die Linken würden mit »überzogenen« moralischen Forderungen Rechte erst hervorbringen, oder Mahnungen an die Klimaschützer, Maß zu halten, um die Gesellschaft nicht zu spalten, tragen aber nicht zu mehr Meinungsfreiheit oder Demokratie bei.

Im Gegenteil: Sie treiben die Eskalationsspirale und die Normalisierung rechter Sprechweisen voran.

Die wirklichen Gefahren für Demokratie und Grundrechte

Tatsächlich *sind* ja Meinungsfreiheit, Grundrechte und Demokratie in Deutschland bedroht. Allerdings nicht von Klimaschützern oder von links, sondern vor allem von rechts. Aber auch aus dem politischen System heraus. So entzog der Bundesfinanzhof zwei zivilgesellschaftlichen Organisationen die Gemeinnützigkeit, weil sie »zu politisch« seien: dem globalisierungskritischen Bündnis Attac und der Kampagnen-Plattform Campact, die demokratischen Protest organisiert – nur zum Beispiel gegen Glyphosat, erpresserische Freihandelsabkommen und für den Artenschutz, die Energie-, Verkehrs- und Landwirtschaftswende, den Erhalt des Hambacher Forsts und den Klimaschutz. Im Fall von Attac hatte Ex-Finanzminister Wolfgang Schäuble eine entsprechende Weisung an das Frankfurter Finanzamt gegeben, obwohl das hessische Finanzgericht zuvor Attac Recht gegeben hatte. Attac hatte Schäubles Finanzpolitik schon lange kritisiert.

Gegen Compact hatte sich die AfD in Stellung gebracht, nachdem die Kampagnen-Plattform zu Protesten gegen die rechte Partei aufgerufen hatte.

Solchen Organisationen die Gemeinnützigkeit zu entziehen gleicht fast einem Verbot. Schließlich wird deren finanzielle Grundlage empfindlich geschmälert – gerade kleinere Vereine können so kaum überleben.

Von diesem Erfolg angestachelt, drohten Union, AfD und FDP (allerdings folgenlos), auch der Deutschen Umwelthilfe (DUH) die Gemeinnützigkeit entziehen zu lassen. Joachim Pfeiffer, wirtschaftspolitischer Sprecher der CDU/CSU-Bundestagsfraktion, beschimpfte die DUH als »semikriminellen Abmahnverein«. Dabei versucht der klageberechtigte Verbraucherschutzverband lediglich durchzusetzen, dass sich die Regierung an die Gesetze hält. Der AfD-nahe Klimawandelleugner-Think-Tank EIKE – Europäisches Institut für Klima und Energie, die rechtspopulistische und AfD-nahe Desiderius-Erasmus-Stiftung sowie die ebenfalls klimaskeptische und AfD-nahe Friedrich A.-von-Hayek-Gesellschaft bleiben weiterhin gemeinnützig.

Laut dem Atlas der Zivilgesellschaft der Menschenrechtsorganisation Brot für die Welt gehört auch Deutschland zu den Ländern, in denen der Raum für zivilgesellschaftliches Engagement in den vergangenen Jahren eingeschränkt wurde.[112] So werden hierzulande Gesetze auf den Weg gebracht, die das Recht auf Protestaktionen und Versammlungsfreiheit einschränken. Kurz vor dem G20-Gipfel in Hamburg 2017 verschärfte der rot-grüne Senat das Gesetz zur Stärkung des Schutzes von Vollstreckungsbeamten. Beim G20-Gipfel eskalierte in Hamburg die Polizeigewalt, auch gegen friedliche Demonstranten: Polizisten prügelten und traten hemmungslos auf sie ein und verletzten viele, manche von ihnen schwer.[113] Polizisten räumten unter Einsatz von Pfefferspray ein (genehmigtes) Protestcamp, stoppten einen (angemeldeten) Bus der Sozialistischen Jugend (Falken), der Grünen Jugend NRW, der Alevitischen Jugend NRW und des DGB und eskortierten diese zur zentralen Gefangenensammelstelle. Vier Stunden lang hielt die Polizei die Demonstranten fest, die schlicht ihr demokratisches Recht wahrnehmen und gegen den Gipfel jener Mächtigen protestieren wollten, die die Welt in Richtung ökologischen und sozialen Abgrund treiben. Unter ihnen befanden sich viele Minderjährige. Ihnen wurden Anrufe bei Anwälten verweigert, einige von ihnen mussten sich nackt ausziehen oder wurden in Zellen eingeschlossen.[114] 32 Journalisten wurde die Akkreditierung für den Gipfel entzogen – mit falschen und zum Teil haarsträubenden Begründungen: Reporterinnen und Reporter könnten ihre Kameras auf die Staatsgäste werfen, hieß es da zum Beispiel.

Die Ermittlung gegen Straftaten der Polizei verliefen im Sande – von den 156 Verfahren wurden 103 eingestellt. Der damalige Bürgermeister Olaf Scholz (SPD) behauptete: »Polizeigewalt hat es nicht gegeben.«

Dieser Trend setzt sich fort. Beinahe alle Bundesländer planen Gesetzesänderungen, welche Polizei und Geheimdienst mehr Befugnisse geben, oder haben sie bereits vorgenommen. Verfassungsrechtler sehen darin Eingriffe in Grundrechte. Kurz nachdem in Nordrhein-Westfalen das neue Polizeigesetz in Kraft trat, fand es als »Lex Hambi« seine Anwendung. So nennt es das Bündnis »Polizeigesetz NRW stoppen«, nachdem bei einer Besetzung im Tagebau Hambach drei Aktivistinnen und Aktivisten fünf Tage in Gewahrsam genommen wurden. Sie hatten sich die Fingerkuppen mit Sekundenkleber zugeklebt, damit keine Fingerabdrücke von ihnen genommen werden konnten. Sie so lange festzuhalten, wäre ohne das neue Gesetz nicht möglich gewesen.[115]

Das erinnert schon fast an die Notstandsgesetze, gegen die es in den Sechzigerjahren heftige Proteste gab: Lange unter Verschluss gehaltene Akten geben preis, dass damit kommunistische Aufstände oder Streiks verhindert werden sollten. Verdächtige Ausländer sollten ausgewiesen, kommunistische Staatsfeinde festgesetzt und »Gewohnheitsverbrecher« interniert werden können. Im Notstandsfall gerieten sie so ohne konkreten Anlass ins Visier.[116]

In Frankfurt – auch Hessen hat ein verschärftes Polizeigesetz – sollen fünfzehn Polizisten einen Schüler, der an den Fridays-for-Future-Blockaden auf der Einkaufsmeile Zeil mitgemacht hatte, anschließend bedroht und bedrängt haben. Sie sollen ihm, so erzählt es der Jugendliche, die Arme auf den Rücken gedreht, seinen Kopf festgehalten und ihn in eine Seitenstraße gezerrt haben. Dort hätten sie ihn vierzig Minuten festgehalten, fotografiert und alle Videos und Fotos gelöscht, die der 15-Jährige von dieser Demonstration gemacht hatte. Schließlich hätten die Beamten alle Flugblätter und Aufkleber in seinem Rucksack beschlagnahmt und ihm gesagt, er sei jetzt bei ihnen als »gewaltbereiter Linksextremist« bekannt.[117] Die darauf folgende Demonstration der Fridays for Future richtete sich dann auch gegen polizeiliche Repressionen. Denn in Deutschland werden Aktivistinnen und Demonstranten der Klimaschutzbewegung offenbar zunehmend kriminalisiert. In Hamburg hat der rot-grüne Senat ein neues Verfassungsschutzgesetz verabschiedet, das es erlaubt, sogar Daten von Jugendlichen ab zwölf Jahren zu erheben und weiterzugeben.

Und es mehren sich die Hinweise, dass Repressionen vor allem gegen Linke gerichtet sind. Für das Forschungsprojekt »Körperverletzung im Amt durch Polizeibeamt*innen« hat der Lehrstuhl für Kriminologie der Universität Bochum 3375 der ihnen gemeldeten Fälle analysiert.[118] Mehr als die Hälfte der Befragten gab an, dass sie Polizeigewalt bei einer Demonstration, bei Blockaden oder Besetzungen erlebt hätten. Fast alle verorteten sich politisch links. Weitere 22 Prozent der Fälle ereigneten sich bei Fußballspielen. 71 Prozent gaben an, physische Gewalt erlebt zu haben. Fast jeder Fünfte berichtete von schweren Verletzungen wie Knochenbrüchen oder Gehirnerschütterungen.

Gleichzeitig nehmen die Versuche von Rechtsradikalen zu, Aktivistinnen und Journalisten einzuschüchtern, wobei sie auch vor Morddrohungen nicht zurückschrecken. 26 gewaltsame Angriffe dieser Art gab es 2018. Kamerateams öffentlich-rechtlicher Sender sind dazu übergegangen, sich von Bodyguards begleiten zu lassen, weil die Polizei – die immer mehr unter Verdacht gerät, strukturell rechts zu sein – bei Übergriffen gegen sie nicht eingeschritten war. »Gut hinhören, Presse. Der Revolver ist schon geladen, Herr Feldmann.« So drohte der militante Neonazi Thorsten Heise vom NPD-Bundesvorstand dem Journalisten Julian Feldmann, der im November 2018 einen NS-Kriegsverbrecher in der Politsendung *Panorama* interviewt hatte. Unter dem Motto »Feldmann in die Schranken weisen« demonstrierte die NPD im November 2019 gegen ihn und zwei weitere Journalisten. Die Polizei schützte, wieder einmal, die Rechten. Sie erlaubte ihnen, ihre Gesichter zu maskieren, weil sich die Neonazis nicht von der Presse fotografieren lassen wollten. Als die Rechten begannen, Journalistinnen und Journalisten zu schubsen, und einem davon eine Kopfnuss verpassten, schob die Polizei die Pressevertreter zur Seite und behinderte sie so außerdem bei ihrer Arbeit.[119]

Vor den Protesten von Ende Gelände im Lausitzer Kohlerevier in Brandenburg hatte die AfD zu Gegendemos aufgerufen. Rechtsextreme Gruppen wie »Heimat Zukunft« mobilisierten ebenfalls, bei einem Fußballspiel von Energie Cottbus hielten deren rechtsextreme Fans ein Banner: »Wann Ende im Gelände ist, bestimmt nicht ihr! Unsere Heimat – unsere Zukunft! Ende Gelände zerschlagen!« Moralische Unterstützung erhielten sie ebenfalls von der Polizei. In den sozialen Netzwerken kursierte ein Foto, das neun Polizisten in schwarzer Einsatzkleidung zeigte, die vor einer langen Wand posierten. Darauf das Graffito: »Stoppt Ende Gelände! 29.11.–01.12.2019«. Links daneben ein Flusskrebs, der in Anlehnung an das Stadtwappen von Cottbus das Markenzeichen der rechtsextremen Gruppe »Defend Cottbus« ist, die der identitären Bewegung nahesteht. Wenigstens durften diese Polizisten deswegen nicht am Großeinsatz gegen die Demonstration teilnehmen.

Handelsdeals mit Rechtspopulisten

Überall in Europa sind es Rechte und Rechtspopulisten, die den Klimaschutz gefährden. So stimmten etwa die österreichische FPÖ, die britische UKIP, der französische Rassemblement National (ehemals Front National), die italienische Lega Nord (mittlerweile nur noch Lega) und die AfD im EU-Parlament gegen fast alle Klimaschutzgesetze.[120] Die AfD, die den Klimawandel leugnet, benutzt ihn strategisch für ihre Anti-Eliten-Propaganda: Sie unterstützt Initiativen gegen Windparks, geriert sich als Anwalt der Dieselfahrer und schürt unter ihren Anhängern die Angst, dass ihnen »die Eliten« mit ihrer »Klimaverschwörung« das Geld aus der Tasche ziehen.

Und während hierzulande das Raunen um eine vermeintlich dräuende »Ökodiktatur« immer lauter wurde, schuf der rechtsextreme Präsident Jair Bolsonaro in Brasilien die Voraussetzungen für Brände in nie da gewesenem Ausmaß im Amazonas-Regenwald. Der größte CO_2-Speicher der Welt verlor allein in Brasilien eine Fläche mehr als doppelt so groß wie Mallorca. Bolsonaro, der Greta Thunberg als »Göre« verunglimpft hat, strich außerdem die Mittel für den Klimaschutz fast komplett und setzte als Umwelt- und Außenminister Klimawandelleugner ein. Schon im Wahlkampf hatte er versprochen, die Reichtümer des Amazonas zu erschließen, ohne Rücksicht auf Natur- oder Indigenenschutzgebiete: »Es gibt kein indigenes Gebiet, in dem es keine Mineralien gibt. Gold, Zinn und Magnesium gibt es in diesen Gebieten, vor allem im Amazonasgebiet, der reichsten Gegend der Welt. Ich gehe nicht auf diesen Unsinn ein, Land für Indianer zu verteidigen.« Er versprach auch, jede Form von Umweltaktivismus zu beenden. NGOs führten einen »Krieg gegen den Staat« und schadeten der Wirtschaft. Während Bolsonaro Aktivistinnen und Aktivisten unter Terrorismusverdacht stellte, ließ er die Strafen und Kontrollen für illegalen Holzeinschlag reduzieren. Das glich einem Kommando für Holzfäller, Spekulanten, Großgrundbesitzer und Viehzüchter, die Monate vor den Waldbränden massiv und illegal abholzten und schließlich die Feuer legten. Im brasilianischen Amazonas-Bundesstaat Pará sollen sich Rinderfarmer, Holzfäller und Landspekulanten am 10. August per WhatsApp zum »Tag des Feuers« verabredet und riesige Urwaldflächen in Brand gesteckt haben. Dieselbe Mafia, das belegt ein Report der Organisation Human Rights Watch, ist auch für die Morde (mehr als siebzig seit 2017) an Kleinbäuerinnen und Kleinbauern, Aktivistinnen und Aktivisten und Indigenen verantwortlich.[121]

Für diese Zerstörungen und Menschenrechtsverletzungen ist aber nicht alleine der brasilianische Faschist verantwortlich. Sondern auch die Länder, die Soja als Futter für die Massentierhaltung oder für Biodiesel importieren. In wortreicher Kritik an dem brasilianischen Präsidenten ist man sich hierzulande schnell einig. Aber es bleibt leider bei bloßer Rhetorik. Und welchen Sinn hat es eigentlich, auf einen leicht durchschaubaren skrupellosen Politiker zu schimpfen, ohne auch nur ansatzweise zu versuchen, seine Politik zu durchkreuzen? So werden jedes Jahr mehr als vier Millionen Tonnen Futtersoja nach Deutschland geliefert, das der größte Fleischproduzent Europas und der viertgrößte der Welt ist. Das dürfte auch der Grund sein, warum es hierzulande so wenig politische Stimmen gibt, die vehement Sanktionen gegen Bolsonaro fordern. Erst recht nicht vonseiten der Bundesregierung. Dabei ist der Zusammenhang zwischen der Weigerung, das Klima zu schützen, und der Zerstörung der Natur, der Vertreibung von Indigenen, den Gewinnen der Konzerne, dem Einfluss der Eliten, der Verschiebung in Richtung Diktatur und dem wachsenden Fleischkonsum nirgendwo so deutlich sichtbar und in seiner Gewalttätigkeit so erschreckend wie derzeit in Brasilien.

Erschreckender ist aber, dass die deutsche Bundesregierung allem besseren Wissen zum Trotz besonders vehement am Mercosur-Abkommen zwischen der EU und Argentinien, Brasilien, Paraguay und Uruguay festhält. Die größte Freihandelszone der Welt würde vor allem Deutschland nutzen, denn der Exportweltmeister fände einen riesigen Markt für seine Autos, Maschinen und Chemieprodukte wie Pestizide und Dünger vor – und bessere Bedingungen für den Import von Soja, Fleisch und Zuckerrohr. Irrer ist nur noch, dass sowohl die Umweltministerin Svenja Schulze (SPD) als auch der Entwicklungsminister Gerd Müller (CSU) den mörderischen Deal rechtfertigen und fordern, Fleisch und Soja dürfe nur dann importiert werden, wenn es nicht dem Regenwald schade. Was schlechterdings ausgeschlossen ist. Natürlich wird auch diesen Politikerinnen und Politikern bekannt sein, dass der Anbau von Soja und die Rinderhaltung in Brasilien seit jeher auf Kosten der Wälder geht: Auf neunzig Prozent des Amazonasregenwaldes, der seit 1970 abgeholzt wurde, sind Rinderweiden entrichtet worden. Zwei Drittel des artenreichen Savannenwaldes Cerrado wurden Soja-Monokulturen und Weiden geopfert.[122]

Das Mercosur-Abkommen führt nicht nur jede Bemühung für den Klimaschutz ad absurdum – es legitimiert und protegiert auch einen Präsidenten, der Menschenrechte, Umwelt- und Klimaschutz mit Füßen tritt. Auch hier zeigt sich: Sobald es um Profite für die heimische Wirtschaft geht, fallen Klimaschutz und Menschenrechte hinten runter.

Die Gewalt liegt also im System begründet, im Kapitalismus, der den Klimawandel und die soziale und ökologische Krise erst hervorgebracht hat. Und das Beispiel Bolsonaro zeigt, wo die Gefahren von Diktatur und Aushebung der Demokratie wirklich lauern. So werden weltweit Umweltaktivisteninnen und -aktivisten, Anwältinnen und Anwälte, Journalistinnen und Journalisten und insbesondere Indigene immer häufiger bedroht und umgebracht, wenn sie Land und Natur verteidigen. Seit 2002 sind der Organisation Global Witness zufolge dabei mehr als 1660 Menschen ums Leben gekommen. Alleine 2018 wurden jede Woche drei Menschen wegen ihres Kampfes für Umwelt und Menschenrechte ermordet.[123]

Meistens geht es bei solchen Konflikten um die Ausbeutung von Ressourcen, um die Förderung von Öl, Kohle und mineralischen Rohstoffen, aber auch um Staudämme, Solarparks und landwirtschaftliche Großprojekte. Etwa für die Errichtung von Monokulturen von Palmöl, Soja und Zuckerrohr für die Herstellung von vermeintlich emissionsfreiem Biosprit zum Export in die EU. Selbst für die Einrichtung von Schutzgebieten oder Aufforstungsprojekte, die dem Emissionshandel dienen sollen, werden Indigene vertrieben.[124] Die Herstellung von Elektroautos ist ohne Konfliktrohstoffe wie Tantal und Kobalt aus Bürgerkriegsgebieten wie der Demokratischen Republik Kongo nicht denkbar. In den Anden ist der Abbau von Lithium für die

E-Auto-Batterien zum Treiber von Konflikten um Land und Wasser geworden. In Honduras wurde 2016 die weltbekannte Aktivistin Berta Cáceres in ihrem Haus erschossen, weil sie sich gegen den Bau des Wasserkraftwerks Agua Zarca einsetzte. So können auch Maßnahmen für den (vermeintlichen) Klima- und Umweltschutz autoritär sein. Auch das hat nichts mit einer »Ökodiktatur« zu tun. Sondern mit Grünem Kapitalismus, mit dem die Herrschenden die Ausbeutung des globalen Südens legitimieren. Unter dem Deckmäntelchen des »Green Growth« befördert er die Gewalt in den Ländern des Südens. Doch gegen die Menschen, die aus diesen Ländern fliehen, weil sie ihre Lebensgrundlage verloren haben, schotten sich die reichen Länder allmählich hermetisch ab. Dieser Terror gegen Arme wird mit den Folgen des Klimawandels weiter zunehmen.

»Eine Kultur, die so wenig Wert auf das Leben Nichtweißer legt, die zulässt, dass Menschen im Meer verschwinden (…), wird auch bereit sein, die Länder, in denen Nichtweiße leben, unter den Wellen verschwinden oder in der Hitze verdorren zu lassen.«

Naomi Klein

VIII. GEFAHR ÖKOFASCHISMUS

Wie die Rechten den Klimaschutz als Abschottungsargument etablieren

Weitgehend unbemerkt von der Öffentlichkeit stellte die AfD im November 2019 eine bemerkenswerte Kleine Anfrage an die Bundesregierung. Die rechte Partei wollte wissen, wie hoch die »Schadstoffbelastung durch Seenotrettung« sei, und warf Carola Rackete, Kapitänin des Rettungsschiffes *Lifeline* der NGO Sea-watch vor, selbst Teil der Klimazerstörung zu sein, gegen die sie öffentlich protestiere. Schließlich sorgten Hochseeschiffe, auch jene, die in der freiwilligen Seenotrettung eingesetzt würden, für jede Menge Emissionen.[125]

Diese Anfrage ist so grotesk, dass der Verdacht aufkommen mag, Satiriker hätten sie sich ausgedacht. Tatsächlich ist sie Ausdruck einer gefährlichen Diskursverschiebung: Denn Rechte sind, obwohl sie den menschengemachten Klimawandel leugnen, mittlerweile dazu übergegangen, sich auf den Umweltschutz zu stürzen und ihn als Heimatschutz auszugeben. Einen Tag vor der Verkündung des Klimapakets durch die Bundesregierung startete die AfD eine Kampagne, in der sie den »Schutz unserer Landschaften und heimischen Tierarten« forderte. Der französische

Rassemblement National behauptet, Grenzen seien die mächtigsten Verbündeten der Umwelt, schließlich würden sich »Nomaden« nicht um die Umwelt kümmern, da sie keine Heimat kennen würden. Auch die AfD interessiert sich neuerdings für den Klimaschutz, wenn man ihn als Argument zur Abschottung nutzen kann. Der AfD-Abgeordnete Rainer Kraft warf der Bundesregierung vor, die »Massenmigration nach Europa« zu fördern, »obwohl der CO_2-Fußabdruck eines Mitteleuropäers zehnmal so groß ist wie der eines Menschen in Afrika. Eine Million Menschen, die Sie zu uns holen, erzeugen zehnmal so viel CO_2 wie in Afrika.«[126]

Gefährlich ist diese Diskursverschiebung vor allem deshalb, weil diese Sichtweise durchaus im gesellschaftlichen Mainstream verfangen kann. Auch der Extinction-Rebellion-Sprecher und britische Grünen-Politiker Rupert Read argumentiert so: Ein »hohes Maß an Einwanderung« erhöhe den Umwelt-Fußabdruck, »der Fußabdruck der Menschen, die hierherziehen, ob aus Estland oder Ostafrika, springt plötzlich dramatisch in die Höhe: Das sind natürlich schlechte Nachrichten für alles Ökologische und für zukünftige Generationen.«[127]

Es ist ein brutales Argument, das impliziert, dass die Armen zum Umweltproblem würden, sobald sie ihrem Elend entronnen sind. Aber weder die Armen in Europa noch diejenigen, die dorthin geflüchtet sind, fahren dicke Autos, gehen auf Kreuzfahrt oder können sich einen entsprechend hohen Lebensstandard leisten. Es entlässt diejenigen, die von der Zerstörung auf ihre Kosten profitieren, die Konzerne, die Politik und die Reichen, aus der Verantwortung. Und es ist rassistisch, weil es Migrantinnen und Geflüchtete wie eh und je als Unheilbringer und als Bedrohung dämonisiert.

Die Mär von der Überbevölkerung

Dieser Menschenverachtung unter dem grünen Mäntelchen liegt die rassistische Ideologie der »Überbevölkerung« zugrunde. Als »Bevölkerungsexplosion« oder »Bevölkerungswachstum« verbrämt, wird sie vor allem in reichen Gesellschaften »mit Sorge« betrachtet. Natürlich, denn diese »zu vielen«, das sind ja grundsätzlich andere, nämlich die Armen, die in den Ländern des Südens leben, im Zweifel »in Afrika«. Es sind insbesondere Superreiche, die sich darüber den Kopf zerbrechen – allen voran der als Weltretter gefeierte Software-Tycoon Bill Gates, dessen Privatvermögen von geschätzten 110 Milliarden Dollar das Bruttoinlandsprodukt fast aller afrikanischen Staaten bei Weitem übersteigt. In einem Bericht warnt seine milliardenschwere Bill & Melinda Gates Foundation davor, dass die Armutsbekämpfung in Subsahara-Afrika zum Stillstand kommen könnte. Schuld daran sei selbstverständlich das »Bevölkerungswachstum«.[128] Auch Gail Bradbrook, Mitbegründerin der Extinction Rebellion, hält »Überbevölkerung« für einen der Hauptgründe für die Klimakatastrophe.

Diese Ideologie geht auf den britischen Ökonomen und Pastor Thomas Robert Malthus zurück. Der schrieb Ende des 18. Jahrhunderts in seinem *Essay on the Principle of Population*: »Ein Mensch, der in einer schon okkupierten Welt geboren wird, wenn seine Familie nicht die Mittel hat, ihn zu ernähren, oder wenn die Gesellschaft seine Arbeit nicht nötig hat, dieser Mensch hat nicht das mindeste Recht, irgendeinen Teil von Nahrung zu verlangen, und er ist wirklich zu viel auf der Erde. Bei dem großen Gastmahle der Natur ist durchaus kein Gedeck für ihn gelegt. Die Natur gebietet ihm abzutreten, und sie säumt nicht, selbst diesen Befehl zur Ausführung zu bringen.«[129]

Diese Ideologie ist längst zu einem Argument in einer fatalen Debatte geworden, die die Ursachen der ökologischen und sozialen Krise sowie die der globalen Machtverhältnisse ignoriert und stattdessen »die Menschheit« für das Artensterben und den Klimawandel verantwortlich macht. Es geistert auch durch die Wissenschaft (weswegen man den Aufruf »Hört auf die Wissenschaft!« durchaus auch mit Skepsis betrachten sollte): Der Zoologe Matthias Glaubrecht etwa sieht es als großes Problem, dass die Menschen in den Ländern des Südens »alle« einen Lebensstandard anstrebten, »wie wir ihn in den westlichen Industrienationen erreicht haben«. Diese Art von Konsum und Ressourcennachfrage würden wir »bei erhöhter Weltbevölkerung wir nicht mehr kompensieren können mit natürlichen Mitteln«.[130] Die »großen Naturräume« in Afrika sieht er vor allem durch das Bevölkerungswachstum dort bedroht.

Allerdings kann gar keine Rede davon sein, dass »alle« Menschen dort »unseren« (man beachte das besitzanzeigende Pronomen) Wohlstand erreichen wollten: Einem Großteil der Menschen dort mangelt es ja an den elementarsten Dingen, nämlich sauberem Wasser, Essen und Gesundheit. Die Graswurzelbewegungen dort kämpfen auch nicht für ein Recht auf SUVs, Urlaubsflüge und einen nie versiegenden Nachschub an Unterhaltungselektronik, sondern für den Erhalt ihrer Lebensgrundlagen und gegen Großprojekte, die diese zerstören. Denn natürlich werden die Naturräume in afrikanischen, lateinamerikanischen und asiatischen Ländern vor allem deshalb vernichtet, weil viele jener Länder ökonomisch zum zerstörerischen Abbau und Anbau von fossilen, mineralischen und pflanzlichen Rohstoffen gezwungen sind, die wiederum in die reichen Länder exportiert werden. Weil internationale Investoren und Börsenspekulanten sich insbesondere in Afrika Land nicht selten gewalttätig unter den Nagel reißen und dort zunehmend auf Kosten der Kleinbäuerinnen und -bauern die Agrarproduktion bestimmen.[131] Und weil ihnen aus dem Norden verheerende Entwicklungsprogramme aufgenötigt werden, die vor allem die Kassen multinationaler Konzerne klingeln lassen: etwa die aggressive Landwirtschaft mit vielen Pestiziden und lizensiertem Saatgut, die Chemie- und Saatgutkonzerne Hand in Hand mit Regierungen und Entwicklungsorganisationen unter dem Deckmantel der »Hungerbekämpfung« dort implementieren.

Glaubrecht hat einen »Verhaltenskodex« entwickelt, dessen erste Forderung lautet: »Du sollst dich nicht massenhaft und exponentiell vermehren, sondern deine Geburtenrate den Lebensmöglichkeiten aller Organismen der Erde anpassen.« Erst an siebter Stelle seiner Zehn Gebote steht: »Du sollst nicht Städte und Siedlungen ausufern lassen und Verkehrswege sowie Industrieflächen jeglicher Art mit Bedacht auf die Natur planen.«[132]

Othering ist ein Konzept, das eine Grenze zwischen einem »wir« und »den anderen« konstruiert, wobei das »wir« als selbstverständlich, positiv und übergeordnet angesehen wird, während »die anderen« abgewertet werden.[133] Dieses *Othering* ist fester Bestandteil der Klimadebatte. Dazu gehört auch die Abwehrreaktion, dass Klimaschutzmaßnahmen hierzulande wie etwa der Kohleausstieg völlig wirkungslos blieben, weil ja andere Länder – gerne genommen: China und Indien – keinerlei Engagement in diese Richtung tätigten und diese Länder ja ohnehin einen viel höheren CO_2-Ausstoß hätten. Tatsächlich aber ist der CO_2-Ausstoß pro Kopf in China sehr viel niedriger als der in Deutschland. Und es werden in den chinesischen Fabriken, die mit Kohleenergie betrieben werden, ja massenhaft Produkte für den Export nach Deutschland hergestellt: Kleider, elektronische Geräte und Spielzeug. Die Emissionen bei der Herstellung entstehen aber dort. Die mit Abstand höchsten Emissionen, die deutsche Exporte wiederum anderswo verursachen, schlagen ebenfalls in China zu Buche – nämlich mehr als 44 Millionen Tonnen.[134] Das ist mehr, als der gesamte Straßengüterverkehr in Deutschland ausstößt.

Einwände wie den, China mache alle Umweltschutzbemühungen wirkungslos, habe ich nach meinen Veranstaltungen immer wieder gehört. Noch öfter aber die Frage: »Ist denn nicht das Problem, dass es zu viele Menschen auf diesem Planeten gibt?« So unschuldig diese (rhetorische) Frage klingen mag, so gewalttätig sind jedoch ihre Implikationen. Denn was um Himmels willen wäre denn die Lösung für dieses vermeintliche Problem?

»Ich will nur sagen, dass ich die Menschen dieses Landes liebe, aber, verdammt nochmal, ihr seid einfach zu stur, euren Lebensstil zu ändern. Also ist der nächste logische Schritt, die Anzahl der Menschen in Amerika zu reduzieren, die Ressourcen verbrauchen. Wenn wir genug Menschen loswerden, kann unser Leben nachhaltiger werden.« Das schrieb der 22-fache rassistische Mörder von El Paso, jenem Ort an der Grenze zu Mexiko, in dem 83 Prozent der Bevölkerung Latinos sind, in seinem »Manifest«. Darin bezeichnete er seinen Terroranschlag als eine »Antwort auf die hispanische Invasion«. Er bezog sich dabei auf den Attentäter, der im März 2019 im neuseeländischen Christchurch mit seinem Anschlag auf zwei Moscheen 51 Menschen getötet hatte. Auch dieser hatte seinen Rassenhass ökologisch verbrämt: Er bezeichnete sich selbst als »ethno-nationalistischen Ökofaschisten« und erklärte die »andauernde Einwanderung« zum »Umweltkrieg«.[135]

»Grenzen und Klima schützen«

Nicht die »Ökodiktatur«, vor der die Besitzstandswahrer mahnen, weil sie Angst haben, dass man ihnen ihren SUV, den Wochenendtrip nach New York oder die Raserei auf der Autobahn verbieten könnte, ist die dräuende Gefahr. Sondern Ökofaschismus. Erschreckend ist zum Beispiel der Weg, den die österreichische konservativ-grüne Regierung einschlagen will, wenn sie unter dem Motto »Grenzen und Klima schützen« einen verstärkten Klimaschutz und eine verschärfte Anti-Asyl- und Migrationspolitik gleichermaßen in den Mittelpunkt stellt. Sebastian Kurz, flüchtlingspolitischer Hardliner der ÖVP und österreichischer Bundeskanzler, nennt dies »das Beste aus beiden Welten«. In Wahrheit ist es ein zynischer und menschenverachtender Deal, auf den sich die österreichischen Grünen da einlassen.

Die deutsche Grünen-Chefin Annalena Baerbock distanziert sich vom österreichischen Modell rechtskonservativer nationaler Abschottungspolitik mit grünem Anstrich: »So etwas wird es in Deutschland nicht geben.« Bleibt zu hoffen, dass diese klare Ansage auch gilt, und auf Dauer nicht jene Kräfte in der Partei die Oberhand gewinnen, die es ermöglichten, dass das schwarz-grün regierte Baden-Württemberg mit fast 3 500 Abschiebungen 2017 nach Nordrhein-Westfalen auf Platz zwei aller Bundesländer in Deutschland liegt. Sowohl Baden-Württemberg als auch das ebenfalls schwarz-grün regierte Hessen erlauben selbst Abschiebungen nach Afghanistan.

Bereits heute sind mindestens zwanzig Millionen Menschen wegen des Klimawandels auf der Flucht. Sie sind völkerrechtlich nicht geschützt, denn Klimaflüchtlinge haben erschreckenderweise keinen Anspruch auf Asyl. Schon vor zehn Jahren sagte der damalige Hohe Flüchtlingskommissar der Vereinten Nationen, António Guterres voraus, dass der Klimawandel zur Hauptfluchtursache werden könnte. Die Vereinten Nationen gehen von mindestens 200 Millionen Klimaflüchtlingen bis 2050 aus. Denn allein innerhalb eines Jahres hat sich die Zahl klimabedingter Katastrophen mehr als verdoppelt: Zwischen 2017 und 2018 ist sie von durchschnittlich 165 auf 329 gestiegen. 2018 haben Wirbelstürme, Überschwemmungen, Dürren, Waldbrände und Erdrutsche weltweit 16,1 Millionen Menschen vertrieben.[136]

Ernteausfälle und Hunger, etwa bedingt durch Dürren, heizen auch Konflikte und Radikalisierung an. So ging dem Krieg in Syrien eine lang anhaltende Dürre voraus, die zum Ausbruch des Bürgerkriegs beitrug. Studien zufolge steigt die Wahrscheinlichkeit eines bewaffneten Konflikts mit jedem halben Grad Erderwärmung um zehn bis zwanzig Prozent. Die Bedrohungen des Klimawandels für den Frieden sind unterschiedlich: So können in politisch und wirtschaftlich instabilen Systemen lokale Ressourcen wie etwa Trinkwasserreservoirs von Akteuren wie dem IS vereinnahmt und als Druckmittel gegen Bevölkerung und Regierung verwendet werden. In Guatemala haben vier Tropenstürme in zwei Jahren, ein Vulkanausbruch und ein Erdbeben die lokale Infrastruktur und Landwirtschaft zerstört, sodass fast drei Millionen Menschen an Nahrungsmittelmangel litten. Danach gingen die Bauern zum Mohnanbau über, und das organisierte Verbrechen explodierte: Guatemala hat die fünfthöchste Mordrate der Welt.[137]

Der rassistische US-Präsident Donald Trump leugnet nicht nur den Klimawandel, er ist nicht nur mit seinem Land, das der zweitgrößte CO_2-Emittent der Welt ist, aus dem Pariser Klimaabkommen ausgestiegen, sondern er versucht außerdem mit aller Macht, die Grenze zu Mexiko dichtzumachen, um Fliehende aus Mittel- und Südamerika fernzuhalten. 3,6 Milliarden Dollar hat das Pentagon für sein wahnhaftes Prestigeprojekt der Mauer bereitgestellt. Um den Flüchtlingstreck aus Mittelamerika im Sommer 2019 zu stoppen, hat Trump fünftausend US-Soldaten an die Grenze geschickt und Mexiko unter Druck gesetzt, weitere 15 000 Soldaten zu stationieren. In den Internierungslagern dort herrschen katastrophale Zustände, mehr als neunhundert Kinder wurden von ihren Familien getrennt, um sie unter Druck zu setzen zurückzukehren. Trump hat außerdem eine Absenkung des ohnehin schon historisch niedrigen Grenzwertes für die Aufnahme neuer Flüchtlinge angeordnet.

Fluchtursache Klimawandel

Aber sind wir in Europa auch nur ein Stückchen besser? Die Europäische Union baut sich weiter zur Festung gegen Geflüchtete aus und verschiebt ihre Außengrenzen immer weiter dorthin, wo autoritäre Regime Geflüchtete aufhalten sollen: in die Türkei, nach Libyen oder Marokko. Mehr als 19 000 Menschen sind seit 2014 bei der Flucht über das Mittelmeer gestorben. Seit die EU die Seenotrettung einstellte, hat sich die Todesrate im Mittelmeer fast versechsfacht. Die EU hat ihre Seenotrettung der sogenannten libyschen Küstenwache übertragen und bezahlt Millionen dafür, dass dort Warlords, Milizen und Menschenhändler Menschen die Flucht nach Europa verunmöglichen. Sie landen seither in Lagern, wo sie gefoltert, vergewaltigt, versklavt und umgebracht werden. Auf See schießt die von Europa alimentierte »libysche Küstenwache« auf Flüchtlings- und Rettungsbote.

Tag für Tag bricht die EU damit das Völkerrecht und verletzt Menschenrechte, um ihren Wohlstand zu behalten und gleichzeitig weiter die Länder auszubeuten, in denen die Menschen deshalb ihre Lebensgrundlagen verlieren.

Im Namen der sogenannten Fluchtursachenbekämpfung unterstützte die deutsche Bundesregierung im Auftrag der EU auch autoritäre Regime in Subsahara-Afrika. Die deutsche staatliche Entwicklungsorganisation Gesellschaft für internationale Zusammenarbeit (GIZ) half dabei, die Grenzen des Sudan zu sichern. Damit begann sie 2015, als Umar Al-Bashir, der mit internationalem Haftbefehl wegen Völkermords, Verbrechen gegen die Menschlichkeit und Kriegsverbrechen gesucht wurde, im Sudan noch als Staatspräsident an der Macht war. Insgesamt 46 Millionen Euro ließ die EU dorthin fließen, etwa in Ausrüstung wie Kameras, Scanner und Server zur Erfassung von Geflüchteten und Migranten. Um auf Druck der EU möglichst viele Menschen im Land zu halten, setzte die sudanesische Regierung die Rapid Support Forces RSF als Grenzschützer ein. Jene Miliz, deren Kämpfer für die wiederholten Massaker in Darfur verantwortlich gemacht werden. Erst im vergangenen Sommer hat die EU ihre Kooperation ausgesetzt.[138]

Wenn bereits jetzt Geflüchtete militärisch bekämpft und sterben gelassen werden, wenn jetzt schon der Hass und die Ablehnung gegen Geflüchtete und Migranten so riesig sind: Was passiert dann, wenn in Folge des Klimawandels noch mehr Menschen gezwungen sind, aus ihrer Heimat zu fliehen?

Die Gewalt, die dem Klimawandel eingeschrieben ist, resultiert aus der institutionalisierten, systemimmanenten Gewalttätigkeit, die ihn erst hervorgebracht hat. Sie ist und war nie nur ein Verbrechen gegen die Natur, sondern immer auch gegen

Menschen. Wenn Natur- und Klimaschutz und Menschenrechte derart gegeneinander abgewogen oder ausgespielt werden, wird diese Gewalt weiter um sich greifen. Umso hellhöriger müssen wir werden, wenn in den Debatten menschenverachtende Forderungen mit vermeintlichem Klimaschutz einhergehen. Und deswegen ist es so wichtig, den Klimaschutz nicht isoliert zu betrachten, nicht als »Generationenfrage« und erst recht nicht als drohende »Auslöschung der Menschheit«, denen alles untergeordnet werden darf. Sondern als Frage der globalen Gerechtigkeit, heute, hier und jetzt. Dafür müssen wir ökologische, soziale und Machtfragen miteinander verknüpfen und die ökologischen Kämpfe mit den sozialen Kämpfen verbünden, ganz besonders mit denen gegen Rechts.

UND JETZT?

Nun stand ich schon wieder am Rand einer Kohlegrube und blickte in eine gigantische schwarz-beige Mondlandschaft. Allerdings lag diesmal einer der wohl besten Tage hinter mir, die ich im Jahr 2018 erleben durfte. Es war der 6. Oktober, und die Großdemonstration am Hambacher Forst, zu der Umweltorganisationen, zivilgesellschaftliche Bündnisse und die Anti-Kohle-Bewegung aufgerufen hatten, näherte sich dem Ende. Vor mir wagten Demonstranten und Aktivistinnen den Schritt in den Hambacher Tagebau, sie brachten dort Bagger zum Stillstand. Hinter mir drängten weitere Menschen, die einen Blick in die größte Kohlegrube Deutschlands erhaschen wollten. Man kann das alles ja kaum glauben, wenn man es nicht selbst einmal gesehen hat.

Zwischen der Kohlegrube und dem umkämpften Hambacher Forst lag ein Stück kaputtes Land, übersät von trockenen Zweigen. Hier war bereits Wald abgeholzt worden, ein Bild, das auf der ganzen Welt gleich elend ausschaut. Kurz vor der Abbruchkante war Gabi Kuhlmey umgekehrt: »Ich wohne in der Nähe von Garzweiler, ich sehe das jeden Tag.« Die 64-Jährige ist IG-Metall-Mitglied und hat vierzig Jahre in der Stahlindustrie gearbeitet, lange als Betriebsrätin. »Ich weiß, wie Konzerne regieren«, sagte sie. »Es ist doch das ureigenste humane Interesse, die Zukunft der Jüngeren zu sichern. Das ist mein Antrieb. Das sollte auch die Aufgabe der Gewerkschaften sein.« Aus diesem Grund hat sich Kuhlmey den »Gewerkschafterinnen und -gewerkschaftern für den Klimaschutz« angeschlossen.

Diese Gruppe hatte ich an jenem Tag begleitet.[140]

Ich hatte den Protest am Hambacher Forst bislang ja nur vom entfernten München aus beobachtet, aber an diesem Tag wollte ich Teil davon sein. In den frühen Morgenstunden stieg ich in den Zug. Ich ahnte aber nicht, dass diese Demonstration ein Fest der Solidarität sein würde, wie ich es selten zuvor erlebt hatte.

Am Tag zuvor hatte es gleich zwei gute Nachrichten gegeben: Das Verwaltungsgericht Aachen hatte das Demonstrationsverbot gekippt, das die Polizei erlassen hatte. Und das Oberverwaltungsgericht Münster hatte einen vorläufigen Rodungsstopp im Hambacher Forst verfügt.

Schon in Köln drängten sich so viele Demonstrantinnen und Demonstranten in die Regionalzüge, dass manche der Bahnhöfe vor Ort wegen Überfüllung geschlossen werden mussten.

Der Bus, mit dem wir dann vom Bahnhof Buir zum Gelände gebracht werden sollten, kam gar nicht bis dorthin, weil die Zufahrten bereits mit Bussen aus ganz Deutschland und halb Europa zugestellt waren. Mindestens eine Stunde lang gingen wir an der kilometerlangen Busreihe entlang, bis wir das Gelände erreichten. Die Kundgebung hatte schon angefangen.

Es war ein warmer spätsommerlicher Samstag, und die Ströme von Menschen, die aus allen Richtungen auf den Acker am Waldrand kamen, rissen den ganzen Tag nicht ab. Mindestens 50 000 Demonstrantinnen und Demonstranten, wahrscheinlich sogar sehr viel mehr, waren an den Ort gekommen, wo jahrelange Kämpfe bewirkt hatten, dass ein Rest des Waldes am Rande des Tagebaus Hambach noch steht und tatsächlich stehen bleiben darf. Ganze Familien waren da, um sich mit den Aktivistinnen und Aktivisten zu solidarisieren und den Sieg der Demokratie über die Profitinteressen eines Konzerns zu feiern: Großeltern, Eltern, Kinder.

Von der Menschenmenge setzte sich eine kleine Gruppe von Frauen und Männern ab. Sie trugen neongelbe Streikwesten, rote ver.di-Kappen und ein großes rotes Transparent, auf dem stand: »Stopp Kohleverstromung – SOZIALverträglicher Ausstieg. Gewerkschafter*innen für Klimaschutz«. Das war eher ungewöhnlich, gelten doch in Deutschland Klimaschutz und der Erhalt von Arbeitsplätzen immer noch als unvereinbare Gegensätze – auch bei den Gewerkschaften, und ganz besonders bei der IG BCE, die die Anti-Kohle-Bewegung hart bekämpft.

Im Sommer 2016, als das Klimacamp der Aktivistinnen und Aktivisten in der Nähe des Hambacher Forsts tagte, hatte die IG BCE eine aggressive Kampagne gefahren. Motto: »Schnauze voll von Gewalt durch Klimaaktivisten«. Dabei gab es damals nicht einmal Demonstrationen; das Camp war nur für Gespräche mit Anwohnerinnen und Anwohnern da. Über diese Kriminalisierung des Protests ärgerte sich Helmut Born, ehedem Betriebsrat und Mitglied im Landesbezirksvorstand bei ver.di, derart, dass er die Initiative »Gewerkschafterinnen und Gewerkschafter für Klimaschutz« gründete. »Klimagerechtigkeit bedeutet, sowohl die Interessen der Beschäftigten, der Anwohner als auch die der globalen Umwelt zu berücksichtigen«, lautet ihr Credo. Die Forderungen: Kohleausstieg so schnell wie möglich – aber so, dass niemand erwerbslos wird. Neue Arbeitsplätze rund um den stillgelegten Tagebau, etwa beim Rückbau der Fördergebiete, und Ausbau der erneuerbaren Energien.

Dazu Fortbildungen und Umschulungen sowie eine Arbeitszeitverkürzung auf dreißig Stunden pro Woche bei vollem Lohnausgleich.

Diese Gruppe innerhalb der Gewerkschaften in Deutschland ist noch nicht riesig, aber sie hat sowohl auf Landes- als auch auf Bundesebene bereits wichtige Anträge durchbekommen. Sie möchte, dass der nötige Strukturwandel, der mit dem beschlossenen Kohleausstieg ja kommen wird, nicht in Konzernzentralen ausgeheckt und von Regierungen bestimmt wird. Sie möchte eigene Vorstellungen der ökologischen sozialen Transformation entwickeln – gemeinsam mit Beschäftigten, den Menschen vor Ort, Initiativen, Gewerkschaften, Parteien und Kommunen. Um zu verhindern, dass sich ein solcher Strukturwandel, wie es ihn im Ruhrgebiet bereits gab, wiederholt: Von diesem hatten nur wenige profitiert, stattdessen hat er Städte mit Arbeitslosigkeit und manifester Armut geschlagen. Und nun waren die Gewerkschafterinnen und Gewerkschafter hier, im Hambacher Forst, mit all den anderen Demonstrierenden.

Gemeinsam schlossen wir uns einer Gruppe von Ende Gelände an. Wir gingen in den Wald. Dort herrschte ehrfürchtige Stille, obwohl so viele Menschen zwischen Bäumen spazierten, picknickten oder in Hängematten lagen. Sie genossen es sichtlich, dem Kohlekonzern RWE ein Stück Natur entrissen zu haben. Alle paar Meter hatten Aktivistinnen und Aktivisten aus Baumstämmen und Ästen Blockaden errichtet, um dafür zu sorgen, dass dies auch so blieb. So recht trauen mochten sie dem Frieden nach den gewalttätigen Räumungen nicht, die vorangegangen waren.

Die Klimagewerkschafterinnen und -gewerkschafter verteilten Flugblätter – und sorgten nicht selten für Irritation: »ver.di

gegen Kohle? Ich dachte, euch geht's bloß um Arbeitsplätze?«
Doch genau dieses Dilemma aufzulösen, das bislang einen Keil
zwischen Beschäftigte und Klimaschützer treibt, ist ihr Anliegen.

Erst zwei Monate zuvor hatten sie zusammen mit Aktivistinnen und Aktivisten aus der Klimaschutzbewegung die Auto-
bahnzufahrt zum neuen, sechsstreifigen Teilstück der A44 blockiert, die wegen des Tagebaus Garzweiler neu gebaut worden
war und eingeweiht werden sollte. So wollten sie die Gewerkschaften von der Basis her unter Druck setzen und den sozial
verträglichen Abbau vorantreiben. Denn: »Auf einem toten Planeten gibt es keine Arbeitsplätze« – das Motto des internationalen Gewerkschaftsbundes ist auch ihres.

In Deutschland ist das gewerkschaftliche Engagement für den
Klimaschutz zwar noch recht neu – doch weltweit setzen sich
bereits viele Gewerkschaften dafür ein: Der Initiative »Trade
Unions for Energy Democracy« haben sich mehr als siebzig
Gewerkschaften weltweit angeschlossen.

Ihre Arbeit für einen ökologisch und sozial gerechten Umbau
ist ein wichtiger Teil dessen, was es für eine substanzielle Veränderung braucht. Denn sie setzt genau an der Stelle an, wo
viele Fragen noch unbeantwortet sind, wie eine Arbeit der Zukunft aussehen könnte, die für die Gesellschaft, die Beschäftigten, das Klima und die Natur global gerecht sein kann. Das kann
nur auf eine demokratische Weise gehen, indem die Arbeiterinnen und Arbeiter an der Entwicklung solcher Ideen beteiligt
sind, sich international miteinander vernetzen und gemeinsam
dafür kämpfen.

Und auch in Deutschland wächst dieses Engagement: Ver.di
und der Gewerkschaftsbund riefen ihre Mitglieder zwar nicht (wie
von Fridays for Future gefordert) dazu auf, am internationalen

Klimastreiktag im September 2019 die Arbeit niederzulegen, wohl aber dazu, sich wann immer möglich an den Protesten zu beteiligen.

Die IG Metall tat sich mit dem BUND und Naturschutzbund zur Initiative »Die Klima- und Mobilitätswende gestalten« zusammen. Und IG-Metall-Vorstandsmitglied Hans-Jürgen Urban, der sich für eine sozialökologische Transformation einsetzt und die daran geknüpfte Eigentumsfrage stellen möchte, wurde mit 98 Prozent wiedergewählt – dem besten Ergebnis aller Vorstandskandidaten.

Bündnisse schließen

Wenn wir den Begriff von der ökologischen und sozialen Transformation mit Bedeutung füllen wollen, bevor er zu einem hohlen und beliebig vernutz- und umdeutbaren Schlagwort wie »Nachhaltigkeit« wird, müssen wir uns zu solchen solidarischen und demokratischen Bündnissen zusammenschließen. Schon um eine gemeinsame Utopie von einer gerechten Gesellschaft und einem System zu ersinnen, das nicht auf Zerstörung von Menschen und Natur gründet.

»Denn nichts anderes ist Solidarität, einmal praktisch geworden, als ein ›Stück gelebter Utopie‹«, so beschreibt es der Soziologe Stephan Lessenich in seinem Buch *Grenzen der Demokratie*.[141]

So viele Menschen wie nie zuvor wurden bei den zahllosen verschiedenen Protesten 2019 Teil dieser gelebten Utopie. Sei es bei den Fahrraddemos Critical Mass, die in ganz Deutschland wachsen. Sei es bei den Protesten für eine Verkehrswende anlässlich der Internationalen Automobil-Ausstellung in Frankfurt.

Sei es in der Initiative »Deutsche Wohnen &Co enteignen«. Oder eben bei den Klimastreiks der Fridays-for-Future-Bewegung. So viele Menschen wie nie zuvor durften spüren, wie wirkmächtig man gemeinsam sein kann, was Solidarität bedeutet. Niemand kann diesen Protest noch ignorieren.

Die Fridays for Future haben Millionen von Kindern, Jugendlichen und Studierenden miteinander verbunden und politisiert. Mit dem niedrigschwelligen zivilen Ungehorsam des Schulstreiks haben sie vielen gezeigt, dass man etwas bewirken kann, wenn man zusammensteht. Das ist schon eine ganze Menge. Wer jemals an einer ihrer Demonstrationen teilgenommen hat, dem wird nicht entgangen sein, wie selbstbewusst und glücklich dieser selbstbestimmte Akt die Schülerinnen und Schüler gemacht hat.

Bewegungen, die wirklich von unten kommen und demokratisch sind, sind nie statisch. Sie entwickeln und bilden sich gegenseitig weiter, feilen an Forderungen und Utopien. Es wird eine ganze Generation von politisierten jungen Menschen an die Unis kommen, die womöglich mehr wollen als ein Studium im Schnelldurchlauf und einen gut dotierten Job. Das kann den ganzen Bildungsapparat verändern – die Schulen verändern sie schon jetzt. Und auch an den Universitäten ist Veränderung spürbar, schließlich haben sich dort auch die Students for Future gegründet. Gemeinsam stellten sie im November 2019 die Public Climate School auf die Beine: An mehr als fünfzig Hochschulen bestreikten die Studierenden den regulären Lehrbetrieb und organisierten stattdessen Seminare, Vorlesungen, Diskussionen und Aktionen zur Klimakrise und wie damit umzugehen sei.[142] Diese Veranstaltungen waren für alle offen, die Studentinnen und Studenten suchten damit den Austausch mit allen Bevölkerungsgruppen. So wollten sie die Unis auch als »Zentren demokratischer Kultur (…) zur produktiven Diskussion um die Bewältigung der großen gesellschaftlichen Herausforderungen« wiederbeleben. So beschreibt die Hochschulrektorenkonferenz den Auftrag der Universitäten. Dieser ist mit dem Wettbewerbsgedanken und der Exzellenzinitiative der Bildungspolitik ja gehörig ins Hintertreffen geraten.

Längst zieht die Bewegung Kreise über die Forderung nach Klimaschutz hinaus: Sie berührt beispielsweise Fragen der Geschlechtergerechtigkeit – schließlich sind es vor allem junge Frauen, die den Protest tragen.

Und sie ist anschlussfähig für andere soziale Bewegungen. Ärztinnen und Ärzte, Pflegekräfte und Studierende und Auszubildende medizinischer Berufe haben sich bereits angeschlossen. Ende Gelände und Fridays for Future machen wiederum bei den Protesten gegen Rechts und gegen die AfD mit – und bei den Demonstrationen des Bündnisses »Wir haben es satt« für eine andere Landwirtschaft. Die zivilgesellschaftliche Bewegung für Geflüchtete »Seebrücke« solidarisiert sich ebenso mit Fridays for Future wie die Arbeiterwohlfahrt und der Paritätische Gesamtverband.

Die Bewegung hat eine globale Dimension: Sie zieht ihre Kraft auch aus der Bedingungslosigkeit der jungen Frauen und Männer. Ihr Kampf ist genauso existenziell wie jener der Bewegungen in den Ländern des Südens, die für den Erhalt ihrer Lebensgrundlagen kämpfen. Die Solidarität mit denen, die schon heute unter den Folgen des Klimawandels und des Raubbaus für den Wohlstand der reichen Länder leiden, ist ihr eingeschrieben. Denn von diesem Wohlstand werden die Schülerinnen und Schüler ebenfalls nicht mehr profitieren. Im Gegenteil: Er zerstört ihre Zukunft. Dass diese Schülerinnen und Schüler und all jene, die sich ihnen anschließen, dieses starke Gefühl der Ungerechtigkeit nicht mit vernichtendem Groll und Verbitterung zum Ausdruck bringen, sondern mit Spaß, Freude, Leidenschaft und wachem Geist einen Kampf für nicht weniger als Gerechtigkeit führen, ist das Beste, was dieser Gesellschaft derzeit passieren kann. Er ist deshalb auch die wohl wichtigste Gegenströmung zum Erstarken der Rechten und des Autoritären.

Dennoch ist eine der wichtigsten und wohl auch schwierigsten Fragen bisher unbeantwortet: Wie erreicht man diejenigen, die sich ausgeschlossen fühlen und die gesellschaftlich unterrepräsentiert sind, die Migrantinnen und Migranten, die Arbeitslosen und Armen, und ermutigt sie, ihre sozialen und ökologischen Rechte einzufordern?

Wir brauchen ja gerade diejenigen dringend, die vom Wohlstand ausgeschlossen sind, um an einer ökologisch und sozial gerechten Utopie zu arbeiten, für die es sich zu kämpfen lohnt. Und um den autoritären Kräften und den rechten Bewegungen, die überall auf der Welt auf dem Vormarsch sind, den Nährboden zu entziehen.

Die Alternativen sind schon da

Ich bin fest davon überzeugt, dass die Antwort in genau jenen Alternativen liegt, die schon längst im Raum stehen, aber von jenen blockiert werden, die daraus keinen Profit ziehen können oder die Privilegien verlieren würden. Eine Verkehrswende mit autofreien Innenstädten und mehr Platz für Radfahrerinnen und Fußgänger sowie Grünflächen und Spielplätze ließen sich in recht kurzer Zeit bewerkstelligen. Dafür gibt es längst gute Beispiele.

So ist Kopenhagen nicht nur die Hauptstadt Dänemarks, sondern auch des Radfahrens. 280 Millionen Euro hat die Stadt in ihre Fahrradinfrastruktur gesteckt – so viel wie eine drei Kilometer lange Umgehungsstraße im Norden Kopenhagens gekostet hat. Heute radeln auf den insgesamt mehr als 400 Kilometern Fahrradwegen mehr als zwei Drittel der Bewohnerinnen und Bewohner Kopenhagens zur Arbeit, nur noch neun Prozent fahren mit dem Auto. Einen solchen Umbau würden Städte wie Berlin und Hamburg in nur fünf Jahren bewerkstelligen können, davon ist Marie Kastrup, Leiterin des kommunalen Radfahrprogramms Kopenhagen, überzeugt.[143] Es fehlen alleine der politische Wille und der Mut, dies gegen eventuelle Widerstände durchzusetzen. Aber so groß sind die womöglich nicht einmal, das zeigen ja die Volksbegehren für einen Radentscheid in verschiedenen deutschen Städten und die Demonstrationen für eine Verkehrswende.

Für, nicht *gegen*: Ist das eigentlich schon jemandem aufgefallen, dass die meisten großen Demonstrationen sich genau *für* solche Alternativen einsetzen?

Auch für den Ausbau des öffentlichen Nahverkehrs und der Bahn sowie ihre Nutzung für wenig Geld lassen sich gesellschaftliche Mehrheiten finden. Die Reaktivierung stillgelegter Bahnstrecken – davon gibt es in Deutschland unglaubliche 5000 Kilometer – kann ganze Ortschaften und deren lokale Wirtschaft (Arbeitsplätze!) zum Positiven verändern, wenn sie denn erst wieder gut erreichbar und deshalb auch lebenswerter sind. Mehr und mehr Menschen, das zeigen nicht nur die wachsenden Demonstrationen des Bündnisses »Wir haben es satt«, sondern auch das Volksbegehren für den Artenschutz in Bayern, fordern einen Umbau des Agrarsystems weg von der wachsenden Fleischproduktion für den Export und der intensiven, chemieabhängigen hin zur ökologischen Landwirtschaft, die regionalen Anbau und kleine Betriebe unterstützt, jene also, die unter dem gegenwärtigen Landwirtschaftssystem des »Wachse oder weiche!« leiden.

Die Energiewende wäre vielleicht bis heute nicht zustande gekommen, hätte man diese Mammut-Aufgabe großen Konzernen überlassen – es waren im Gegenteil Kommunen und Bürgerinitiativen, die sie gestemmt haben.

All diese Alternativen haben eine soziale und globale Dimension: Wer auf dem Land oder am Stadtrand lebt, kann nur dann aufs Auto verzichten, wenn Bus und Bahn fahren, und zwar mehrmals am Tag. Es ist eine Form der Bewegungsfreiheit, von der alle profitieren. Gesunde, ökologisch hergestellte Lebensmittel gäbe es nicht nur mehr für den dicken Geldbeute, sondern für alle, wenn sie von der Ausnahme zum Standard würden (und ist es nicht ohnehin verrückt, dass wir mit unseren Steuern für eine zerstörerische Landwirtschaft und ihre Folgen zahlen, aber tief in die Tasche greifen müssen, um gesunde chemie-freie Produkte zu kaufen?). Der Import von Futtersoja, Obst und Gemüse könnte obsolet werden, das hätte unmittelbare positive Auswirkungen auf die Länder des Südens, wo diese für den Export angebaut werden, auf das Klima und die Biodiversität. Das sind nur wenige Beispiele dafür, was mehr oder weniger problemlos umgesetzt werden könnte, und es wäre noch lange keine Revolution. Und natürlich müssen weit größere Brocken angegangen werden, nämlich der Umbau des Wirtschaftssystems selbst. Wie eine Postwachstumswirtschaft aussehen könnte, dazu gibt es schon längst Forschungsprojekte an den Universitäten. Je mehr Schülerinnen und Schüler sowie Studierende gleichzeitig mit den Protesten auch nach Alternativen suchen, desto mehr Zulauf werden solche Studiengänge bekommen.

Die Zerstörer werden uns nicht retten

Das klingt naiv? Nein, naiv ist die Vorstellung, es könne alles bleiben, wie es ist, wenn man nur nicht am Status quo rüttelt. Im Gegenteil bietet sich uns jetzt eine einmalige Chance: Wir werden die dramatischen Folgen des Klimawandels und der ökologischen Krise zwar nicht zur Gänze abwenden können; das ist tragisch genug. Aber wir können und müssen verhindern, dass sich das Autoritäre im Namen des Klimaschutzes durchsetzt. Exakt das droht zu passieren, sobald es immer weniger gibt, was auf einem zerstörten Planeten noch zu verteilen ist. Deshalb ist es auch gefährlich, die Obrigkeiten bloß zum »Handeln« aufzufordern – das führt zu einer Politik der Dringlichkeit, in der der Zweck die Mittel heiligt und so die Machtverhältnisse stärkt, die uns überhaupt erst an den Abgrund gebracht haben. Und umso wichtiger ist es, sich *nicht* mit denen zusammenzutun, die Teil der Zerstörung sind und die ihre Privilegien bis zuletzt verteidigen werden. Den Konflikt mit ihnen werden wir ausfechten müssen. Denn dem Irrtum, dass ausgerechnet die uns retten werden, wie es Konzerne und Politik behaupten, die uns die Suppe eingebrockt haben, sind wir lange genug aufgesessen. Er hat uns wertvolle Jahre gekostet.

Wer dafür noch irgendeinen Beleg braucht, mag sich daran erinnern, was passierte, als Luisa Neubauer, Kopf der Fridays for Future in Deutschland, sich zum Gespräch mit Siemens-Chef Joe Kaeser traf. Die Klimaschutzbewegung forderte, dass Siemens aus dem Projekt der Kohlemine Adani in Australien aussteigt, an dem der Konzern beteiligt ist. Dass Kaeser publikumswirksam Neubauer einen Sitz im Aufsichtsrat anbot, den diese selbstverständlich ablehnte, geriet aber zum PR-Desaster für den Konzern. Denn Kaeser kündigte an, dass Siemens nicht aus dem

Geschäft aussteigen werde. Er gab damit öffentlich zu Protokoll, dass dem Konzern die Profite wichtiger waren als das (geheuchelte) Interesse am Klimaschutz – und sorgte so für weitere Proteste vor den Konzernzentralen.

Ihnen sollten wir uns anschließen – denn so gelingt es uns, die Demokratie mehr und mehr dem Kapitalismus zu entreißen.

Den Klimaschutz also nicht als bloße Notwendigkeit zu betrachten, sondern an ihn den tiefen Wunsch nach einer anderen gerechten Welt und Gesellschaft zu knüpfen, ist unabdingbar. Es wäre das einzig Positive, das man der sozialen und ökologischen Krise abtrotzen könnte.

Dank

Meinem Lektor Edgar Bracht für die tolle Zusammenarbeit und dem ganzen Blessing Verlag für zehn Jahre Vertrauen und Verbundenheit. Besonders Verlagsleiter Sascha Mamczak für seine Anregungen, Doris Schuck, Katrin Sorko, Carina Stransky und Katharina Wiesner. Meinem Agenten Michael Gaeb und seinen Kolleginnen für ihr großes Engagement.

Für viele anregende Gespräche, Ideen und Unterstützung danke ich Ulrich Brand, Lili Fuhr (Heinrich Böll-Stiftung), Roman Herre (FIAN), Anne Jung (medico international), den Klimagewerkschafterinnen und -gewerkschaftern, und Helmut Born, Stephan Lessenich, Benjamin Luig (Rosa Luxemburg Stiftung), Tobias Mann, Sebastian Puschner sowie Elsa Koester und Pepe Eggers (*Der Freitrag*), Christoph Sieber, Leonard Strasser (Kritisches Agrarbündnis BGLITS), Marion Tiemann (Greenpeace), Isabell Ullrich und Christan Wimberger (Christliche Initiative Romero). Sowie dem besten Ehemann der Welt und meiner wunderbaren Familie – für alles und das schöne Leben.

Anmerkungen

VORWORT

[1] Antonio Gramsci, *Gefängnishefte*, zitiert nach Wolfgang Fritz Haug (Hrsg.), Kritische Gesamtausgabe; Hamburg 2012, Band 2, S. 354

[2] »Die grüne Lüge«, Dokumentarfilm, Österreich 2018, Regie: Werner Boote; Mitwirkende: Kathrin Hartmann, Noam Chomsky, Raj Patel u.a.; http://thegreenlie.at/

[3] Umweltbundesamt (Hrsg.), Monitoringbericht 2019 zur Deutschen Anpassungsstrategie an den Klimawandel, Bericht der Interministeriellen Arbeitsgruppe Anpassungsstrategie der Bundesregierung, Dessau-Roßlau 2019; https://www.umweltbundesamt.de/publikationen/monitoring bericht-2019

I. DIE GROSSE ERNÜCHTERUNG

[4] Analyse der britischen Klimaschutzorganisation Sandbag, April 2015; https://sandbag.org.uk/2015/04/01/for-the-first-time-4-out-of-5-largest-eu-emitters-are-german-lignite-power-stations/

[5] In seinem Essay im *New York Times Magazine* und in seinem Buch *Losing Earth* (Berlin 2019) beschreibt der US-amerikanische Journalist Nathaniel Rich in einer historischen Reportage, wie es vor rund dreißig Jahren hätte gelingen können, den Klimawandel komplett abzuwenden und welche Politiker, Lobbygruppen und Industrien dies vereitelten.

[6] Intergovernmental Panel on Climate Change (IPCC), »Global Warming of 1.5 °C – An IPCC special report on the impacts of global warming of 1.5 °C above pre-industrial levels and related global greenhouse gas emission pathways, in the context of strengthening the global response to the threat of climate change, sustainable development, and efforts to eradicate poverty« Genf 2018; https://www.ipcc.ch/sr15/

[7] https://www.umweltbundesamt.de/themen/wasser/gewaesser/grund wasser/nutzung-belastungen/carbon-capture-storage

[8] Anika Limbach, »Falsche Stromrechnung«, *Der Freitag*, Nr 35/2017, S. 4

[9] https://www.bund.net/themen/aktuelles/detail-aktuelles/news/datteln-4-klimakiller-ans-netz/

[10] Bruno Latour, *Das terrestrische Manifest*, Berlin 2018, S. 69

[11] https://markthalleneun.de/%C3%BCber-uns/konzept/

[12] Insa Grüning, »Streit im Kiez: Warum wollen die Anwohner der Markthalle Neun, dass Aldi bleibt?, *Mit Vergnügen Berlin*, Februar 2019;
https://mitvergnuegen.com/2019/markthalle-neun-aldi/

[13] Jason Moore, Raj Patel, *Entwertung. Eine Geschichte der Welt in sieben
billigen Dingen*, Berlin 2018

[14] Vgl. Tanja Busse, *Die Wegwerfkuh. Wie unsere Landwirtschaft Tiere
verheizt, Bauern ruiniert, Ressourcen verschwendet und was wir dagegen tun können*, München 2015

[15] https://www.waz.de/wirtschaft/suppenhuhn-fuer-1-euro-kunden-entsetzt-
ueber-edeka-angebot-id213782061.html

[16] Moore/Patel, S. 38

[17] https://markthalleneun.de/%C3%BCber-uns/geschichte/

[18] Sigmar Gabriel, »Sehnsucht nach Heimat. Wie die SPD auf den Rechts-
populismus reagieren muss«, *Der Spiegel*, 18.12. 2017; https://www.
spiegel.de/spiegel/sigmar-gabriel-wie-die-spd-auf-den-rechtspopulismus-
reagieren-muss-a-1183867.html

[19] https://www.sueddeutsche.de/wirtschaft/einkommensverteilung-
deutschland-ist-so-ungleich-wie-vor-100-jahren-1.3791457

[20] Jörg Staude, »Braunkohle-Jobs schöngerechnet«, *Klimareporter*,
13.7.2018; https://www.klimareporter.de/deutschland/ministerium-
rechnet-braunkohle-jobs-schoen

[21] Bündnis Bahn für alle, »Deutsche Bahn – Alternativer Bericht 2017«,
Seite 34; http://www.bahn-fuer-alle.de/media/docs/2018/AltGeschBer%
20201718.pdf

[22] Benjamin von Brackel, Verena Kern, Jörg Staude, »Wie der Kohleausstieg vereitelt wurde«, *Correctiv – Recherchen für die Gesellschaft*,
12.9.2017; https://correctiv.org/aktuelles/klimawandel/2017/09/12/
wie-der-kohleausstieg-vereitelt-wurde

[23] Deutscher Bundestag, Drucksache 19/915,19. Wahlperiode, 26.02.2018;
Antwort der Bundesregierung auf die Kleine Anfrage der Abgeordneten
Oliver Krischer, Annalena Baerbock, Lisa Badum, weiterer Abgeordneter
und der Fraktion BÜNDNIS 90/DIE GRÜNEN – Drucksache 19/686 –
Verfügbarkeit der Kohlekraftwerke in der Sicherheitsbereitschaft
(Kohlereserve); http://dipbt.bundestag.de/doc/btd/19/009/1900915.pdf

[24] IG BCE, Ver.di »Der Revier-Apell – Unser Revier, unsere Zukunft«: https://alsdorf.igbce.de/vanity/renderDownloadLink/30412/171160

[25] Tweet WDR Westpol mit Video: https://twitter.com/westpol/status/1055120781431181313

[26] Lisa Casparie, »Weitgereiste Bücherfreunde«, *Zeit Online*, 10.8.2017; https://www.zeit.de/politik/deutschland/2017-07/gruene-waehler-vergleich-spd

[27] Die Grünen, Grundsatzprogramm; https://www.gruene.de/programm

[28] Jutta Ditfurth, *Krieg, Atom, Armut. Was sie reden, was sie tun: Die Grünen*, Berlin 2011 , S. 108 ff.

[29] Video der Podiumsdiskussion: https://www.youtube.com/watch?v=iNAs7OfmUH4 (abgerufen am 19.1.2020)

[30] https://protestinstitut.eu/projekte/demonstrationsbefragungen/befragung-fridays-for-future/

III. WELTRETTUNG, HAUSGEMACHT

[31] Im Mai 2018 habe ich an einer Journalisten-Reise der NGO Christliche Initiative Romero nach Honduras teilgenommen.

[32] Kathrin Hartmann, *Aus kontrolliertem Raubbau. Wie Politik und Wirtschaft das Klima anheizen, Natur vernichten und Armut produzieren*, München 2015, S. 163 ff.

[33] Umweltbundesamt, Bundesministerium für Umwelt, Naturschutz, Bau und Reaktorsicherheit (Hrsg.), »Umweltbewusstsein in Deutschland 2016. Ergebnisse einer repräsentativen Umfrage«, Berlin/Dessau-Roßlau 2017; https://www.umweltbundesamt.de/sites/default/files/medien/376/publikationen/umweltbewusstsein_deutschland_2016_bf.pdf

[34] Ingolfur Blühdorn: *Die Gesellschaft der Nicht-Nachhaltigkeit.* In: Ingolfur Blühdorn u.a.: *Nachhaltige_Nicht-Nachhaligkeit. Warum die ökologische Transformation der Gesellschaft nicht stattfindet*, Bielefeld 2020, S.111.

[35] Andreas Reckwitz, *Die Gesellschaft der Singularitäten. Zum Strukturwandel der Moderne*, Berlin 2018

[36] Armin Grunwald, *Warum Konsumentenverantwortung allein Umwelt nicht rettet*, in: Ann Henkel u.a. *Reflexive Responsibilierung*, Bielefeld, S. 449

[37] https://www.careelite.de/plastikfrei-fliegen-ohne-plastik/

[38] Bundesministerium für Landwirtschaft und Ernährung (Hrsg.), »Landwirtschaft verstehen. Daten und Hintergründe«, Berlin 2016

[39] Oxfam, »Public Good or Private Wealth«, Bericht zur sozialen Ungleichheit, Januar 2019; https://www.oxfam.de/presse/pressemitteilungen/2019-01-21-superreiche-gewinnen-25-milliarden-dollar-pro-tag-haelfte

[40] Kathrin Hartmann, *Ende der Märchenstunde. Wie die Industrie die LOHAS und Lifestyle-Ökos vereinnahmt*, München 2009 und *Die Grüne Lüge. Weltrettung als profitables Geschäftsmodell*, München 2018

[41] World Commission on Environment and Development (Hrsg.), »Our Common Future«, Oxford 1987 (ugs. Brundtland-Bericht), S. 51

IV. KLIMASCHUTZ MIT DEM RECHENSCHIEBER

[42] Eric Swyngedouw, »*Apocalypse forever? Post-political Populism and the Spectre of Climate Change*«, Manchester 2010, S. 219

[43] Siehe Moore/Patel, *Entwertung*, Berlin 2015

[44] Paul Griffin, Climate Disclosure Project (Hrsg.), »CDP Carbon Majors Report 2017: 100 fossil fuel producers and nearly 1 trillion tonnes of greenhouse gas emissions«, London 2017; https://6fefcbb86e61af1b2fc4-c70d8ead6ced550b4d987d7c03fcdd1d.ssl.cf3.rackcdn.com/cms/reports/documents/000/002/327/original/Carbon-Majors-Report-2017.pdf?1501833772

[45] Greenpeace (Hrsg.), »Subventionen für fossile Energien in Deutschland«, Hamburg 2015; https://www.greenpeace.de/presse/publikationen/subventionen-fuer-fossile-energien-deutschland

[46] Jürgen Ehlers, Yaak Pabst, »CO_2-Steuer: (K)eine Lösung?!«, *Marx 21*, Ausgabe 2/19, S. 38

[47] Oxfam, »Extrem Carbon Inequality«, Bericht 2015; https://www.oxfam.de/presse/pressemitteilungen/2015-12-02-oxfam-reichsten-10-prozent-verursachen-haelfte-weltweiten

[48] https://www.welt.de/wirtschaft/article200672312/Klimakabinett-Erhoehung-der-Pendlerpauschale-schadet-dem-Klima.html

[49] Umweltbundesamt: Umweltschädliche Subventionen; https://www.umweltbundesamt.de/themen/wirtschaft-konsum/wirtschaft-umwelt/umweltschaedliche-subventionen

[50] Claudia Kemfert et al., DIW (Hrsg) »Für eine sozialverträgliche CO_2-Bepreisung«, Berlin 2019; https://www.diw.de/documents/publikationen/73/diw_01.c.635193.de/diwkompakt_2019-138.pdf

[51] Grégoire Chamayou, *Die unregierbare Gesellschaft. Eine Genealogie des autoritären Liberalismus*, Berlin 2019, S. 242 f.

[52] Thomas Fatheuer, »Ein Preis auf CO_2 – der Schlüssel zur Klimapolitik? Kritische Thesen zu neuen Vorschlägen«, https://klima-der-gerechtig keit.de/2018/04/12/ein-preis-auf-co2-der-schluessel-zur-klimapolitik-kritische-thesen-zu-neuen-vorschlaegen/ Gastbeitrag auf Klima der Gerechtigkeit.

[53] Fatheuer, »Gefahren der Klimadebatte: Die Verkürzung von Klimapolitik auf den Faktor CO_2 bremst eine umfassende ökologische und soziale Transformation«, *Südlink* 188/Juni 2019

[54] Kathrin Hartmann, *Aus kontrolliertem Raubbau*, München 2015, S. 37 ff

[55] Arbeitsdokument zum Grünbuch der EU »Hin zu einer europäischen Strategie für Energieversorgungssicherheit«, 26.5.2001, S. 16; http://www.europarl.europa.eu/meetdocs/committees/itre/20010710/434194DE.pdf

[56] https://clcouncil.org/; siehe auch: Center for International Environmental Law (CIEL)/Heinrich-Böll-Stiftung, »Fuel to Fire – How Geoengineering Threatens to Entrench Fossil Fuels and Accelerate the Climate Crisis«, Berlin/Washington 2019; https://www.boell.de/en/2019/02/13/fuel-fire

V. DAS PARADOX DER APOKALYPSE

[57] David Wallace-Wells, *Die unbewohnbare Erde. Leben nach der Erderwärmung*, München 2019

[58] Nathaniel Rich, *Losing Earth*, Berlin 2019

[59] Ders., S. 12

[60] Naomi Klein, *Warum nur ein Green New Deal unseren Planten retten kann*, Hamburg 2019, S. 25

[61] IPCC (Hrsg.), »Spezial Report on Climate Change and Land«, Genf 2019, https://www.ipcc.ch/report/srccl/

[62] http://www.bund-rvso.de/klimawandel-werbemethoden-burson-marsteller.html

[63] World Scientists' Warning of a Climate Emergency, *BioScience*, Vol. 70; https://doi.org/10.1093/biosci/biz088

[64] Ulrich Brand, Markus Wissen, *Imperiale Lebensweise. Zur Ausbeutung von Mensch und Natur im globalen Kapitalismus*, München 2017

[65] https://magazin.spiegel.de/SP/2019/48/167093455/index.html?utm_source=spon&utm_campaign=centerpage

66 Gail Bradbrook in einem Interview der Creating the Future Conference der Weatherby's Bank: https://www.youtube.com/watch?v=02VzejyJSww; Minute 18:44

67 https://actionnetwork.org/forms/international-rebellion-london; https://twitter.com/xrberlin/status/1174573076329242624?lang=de

68 https://extinctionrebellion.de/wer-wir-sind/unsere-forderungen/

69 Jutta Ditfurth, »Compassion Revolution Limited«, *Konkret* 12/2019, S. 35 f.

70 https://extinctionrebellion.de/impressum/

71 Dan Allen, »›I gave up a six-figure salary to join Extinction Rebellion‹«, Interview mit Andrew Medhurst. *BBC News*, 25.10.2019; https://www.bbc.com/news/business-50087022

72 Alexander Mühlauer, »Schreck deutscher Manager – und grüner Rebell«, *Süddeutsche Zeitung online*, 2.12.2019; https://www.sueddeutsche.de/wirtschaft/chris-hohn-extinction-rebellion-1.4706281

73 https://www.tcifund.com/Esg.aspx

74 Amnesty International, »Missbrauch von Flüchtlingen durch Ferrovial«, https://www.amnesty.ch/de/themen/wirtschaft-und-menschen rechte/unternehmensverantwortung/dok/2017/nauru-missbrauch-von-fluechtlingen-durch-ferrovial

75 https://jeremyleggett.net/2019/04/22/letter-to-the-times-by-business-leaders-supportive-of-extinction-rebellion-of-which-i-am-proud-to-be-one/

76 Mario Brück, Yvonne Esterházy, »Wie der Unilever-Chef die Welt retten will«, Interview mit Paul Polman, *Wirtschaftswoche*, August 2014; https://www.wiwo.de/unternehmen/handel/paul-polman-wie-der-unilever-chef-die-welt-retten-will/10278602-all.html

77 https://extinctionrebellion.de/og/kiel/%C3%BCber-uns/prinzipien-und-werte/

78 Oxfam 2015

79 Moore/Patel *Entwertung*, Berlin 2018

80 Eric Swyngedouw, *Apocalypse forever?* 2010

81 Naomi Klein, *This changes everything. Capitalism vs. Climate*, New York 2014, S. 273

82 Phil Williamson, »Biodiversity risks of climate control«, *Nature*, 22.1.2018; https://www.nature.com/articles/s41559-017-0460-8?platform=oscar&draft=collection

[83] Rebecca Solnit, *Die Dinge beim Namen nennen*, Hamburg 2019, S. 269

[84] Mercedes-Benz (2019), twitter-Beitrag vom 1.8.2019 https://twitter.com/ MercedesBenz/status/1156958109094612995?s=20

[85] Statistisches Bundesamt, »Weiter steigende Motorleistung der Pkw verhindert Rückgang der CO_2-Emissionen« Pressemitteilung vom 14.12. 2016; https://www.destatis.de/DE/Presse/Pressemitteilungen/2016/12/ PD16_451_85.html

[86] DESTATIS (2019), »Verkehrsunfälle 2018«, Wiesbaden, S. 179 f.

[87] Peter Wallner, Anna Wanka, Hans-PeterHuttler, »SUV driving ›masculinizes‹ risk behavior in females: a public health challenge«, *Wiener klinische Wochenschrift*, Jg. 129, Nr. 17/2017 S. 625 f.

[88] Sie dazu auch: Greenpeace (Hrsg.), »Ein dickes Problem. Wie SUVs und Geländewagen das Klima und unsere Städte ruinieren«, Report 2019; https://www.greenpeace.de/sites/www.greenpeace.de/files/publications/ s02571_gp_report_suv_09_2019_es.pdf

[89] Brand/Wissen 2017, S. 125 ff.

[90] Zur Kampagne: https://media.landrover.com/2018/live-city

[91] BUND, »›Jeder siebte Arbeitsplatz in Deutschland steht direkt oder indirekt mit dem Automobil in Verbindung.‹ Wirklich? Stimmt nicht!« https://www.bund-naturschutz.de/wirtschaft-umwelt/arbeitsplaetze-in-der-autoindustrie.html

[92] Eckard Helmers, »Die Modellentwicklung in der deutschen Autoindustrie: Gewicht contra Effizienz«, Trier 2015 https://www.vcd.org/ fileadmin/user_upload/Redaktion/Publikationsdatenbank/Auto_ Umwelt/Gutachten_Modellentwicklung_deutsche_Autoindustrie_ 2015.pdf

[93] Ebd.

[94] Bundesministerium für Wirtschaft und Energie, Energieverbrauchskennzeichnung von PKW https://www.bmwi.de/Redaktion/DE/Artikel/ Energie/energieverbrauchskennzeichnung-von-pkw.html

[95] Eckard Helmers *Modellentwicklung*, 2015

[96] https://www.oeko.de/forschung-beratung/themen/mobilitaet-und-verkehr

[97] Deutsche Umwelthilfe, »Autolobby schrieb Rechtsverordnung zur Energiekennzeichnung von Pkw in weiten Teilen selbst«, Pressemitteilung

vom 28.10.2013; https://www.duh.de/presse/pressemitteilungen/
pressemitteilung/autolobby-schrieb-rechtsverordnung-zur-energie
kennzeichnung-von-pkw-in-weiten-teilen-selbst/

[98] EU-Komission, »Reducing CO2 emissions from passenger cars«,
https://ec.europa.eu/clima/policies/transport/vehicles/cars_en

[99] Dieter Seifried, »Wie Hybridautos saubergerechnet werden«, *Klima-reporter*, 9.8.2018; https://www.klimareporter.de/verkehr/wie-hybrid
autos-saubergerechnet-werden

[100] »Plug-in-Hybride: Klimapolitische Mogelpackung«, Monitor (ARD) vom
7.11.2019

[101] Volkswagen AG, »Die SUV Offensive«, in Volkswagen (online), Oktober
2018; https://www.volkswagenag.com/de/news/stories/2018/10/
focusing-on-suvs.html, aufgerufen am 15.8.2019 sowie »Volkswagen:
SUV sind eine ›Wachstumsmaschine‹«, *Wirtschaftswoche*, 25.10.2018;
https://www.wiwo.de/unternehmen/auto/gelaendewagen-volkswagen-
suv-sind-eine-wachstumsmaschine/23227516.html

[102] Brot für die Welt, Misereor, Powershift (Hrsg.), »Weniger Autos, mehr
globale Gerechtigkeit – Diesel, Benzin, Elektro: Die Antriebstechnik
allein macht noch keine Verkehrswende«, Berlin 2019, S. 14f.; https://
www.misereor.de/fileadmin/publikationen/Studie-Weniger-Autos-mehr-
globale-Gerechtigkeit.pdf

[103] https://media.landrover.com/de-de/news/2019/01/partnerschaft-
mit-premium-textilhersteller-kvadrat-der-neue-range-rover-evoque-
auf-der

VII. SCHRECKGESPENST ÖKODIKTATUR

[104] Georg Seeßlen, »Keine Pippi Langstrumpf«, *Der Freitag*, Ausgabe
40/2019; https://www.freitag.de/autoren/der-freitag/keine-pipi-
langstrumpf

[105] https://www.faz.net/aktuell/wirtschaft/hanks-welt/debatte-ueber-ein-
tempolimit-nichts-gegen-das-auto-16021344.html

[106] Lena Greiner, Carola Padtberg, *Ich muss mit auf Klassenfahrt – meine
Tochter kann sonst nicht schlafen! Neue unglaubliche Geschichten
über Helikopter-Eltern*, Berlin 2018

[107] Albrecht von Lucke, »Fridays for Future: Der Kampf um die
Empörungshoheit« in: *Blätter für deutsche und internationale Politik*,
3/2019

[108] Margarete Stokowski, »Das Märchen vom linken Mob«, *Spiegel Online*, 19.1.2019; https://www.spiegel.de/kultur/gesellschaft/antifaschismus-das-maerchen-vom-linken-mob-a-1297201.html

[109] Dirk Kurbjuweit, »Die Demokratie schafft das«, *Der Spiegel*, 18.10.2019

[110] https://www.spiegel.de/auto/aktuell/suv-fahrer-fahrradfahrer-wer-waehlt-was-a-1274549.html

[111] Siehe auch Jan Grossarth, »Antiökologische Hysterie«, *Süddeutsche Zeitung*, 30.5.2019; Bernhard Malkmus, »Die Gretafrage«, *Der Freitag*, Ausgabe 34/2019

[112] Brot für die Welt (Hrsg.), »Atlas der Zivilgesellschaft. Report 2019«, Berlin 2019

[113] Die Gruppe »G20 Doku – Der Gipfel der Polizeigewalt« hat Polizeigewalt auf dem G20-Gipfel und Grundrechtsverletzungen mit Videos und Opferberichten ausführlich dokumentiert: https://www.g20-doku.org/index.html@p=130.html Ein lesenswerter Augenzeugenbericht stammt von Thomas Seibert (Medico International, Institut Solidarische Moderne): https://taz.de/Kontroverse-Gewalt-und-die-Linke/!5426218/

[114] Offener Brief der Falken: https://www.falkennrw.de/offenerbriefg20demo

[115] Pressemitteilung von Ende Gelände vom 11.9.2019; https://www.ende-gelaende.org/news/erste-anwendungsfaelle-des-lex-hambi-aus-neuem-nrw-polizeigesetz/

[116] vgl. hierzu Martin Diebel, *»Die Stunde der Exekutive«: Das Bundesinnenministerium und die Notstandsgesetze 1949-1968*, Göttingen 2019

[117] Protokoll des betroffenen Jugendlichen in der *Frankfurter Rundschau*: https://www.fr.de/frankfurt/fridays-future-frankfurt-ich-hatte-richtig-angst-zr-13274081.html

[118] Forschungsprojekt Homepage: https://kviapol.rub.de/

[119] https://taz.de/NPD-Demo-gegen-Journalisten/!5642809/

[120] Susanne Götze, Annika Joeres, »Die Rechten und das Klima«, *Süddeutsche Zeitung*, 15.1.2020; https://www.sueddeutsche.de/kultur/klimawandel-leugner-afd-1.4758031

[121] Human Rights Watch, »Rainforest Mafias. How Violence and Impunity Fuel Deforestation in Brazil's Amazon«, September 2019, https://www.hrw.org/report/2019/09/17/rainforest-mafias/how-violence-and-impunity-fuel-deforestation-brazils-amazon

[122] Kathrin Hartmann, *Die grüne Lüge*, München 2018, S. 157 ff.

[123] Global Witness, »Enemy of the State? How governments and businesses silence land and environmental defenders« , Juli 2019; https://www.globalwitness.org/en/campaigns/environmental-activists/enemies-state/

[124] vgl. Marc Dowie, *Conservation Refugees. The Hundred-Year Conflict between global Conservation and native Peoples,* Massachusetts 2011

VIII. DIE GEFAHR DES ÖKOFASCHISMUS

[125] Deutscher Bundestag, Drucksache 19/15585, 19. Wahlperiode, 29.11. 2019; Kleine Anfrage der Abgeordneten Jens Maier, Thomas Seitz, Roman Johannes Reusch und der Fraktion der AfD, Schadstoffbelastung durch Seenotrettung; https://dipbt.bundestag.de/doc/btd/19/155/1915585.pdf

[126] Elsa Koester, »Die Allzuvielen«, *Der Freitag* Ausgabe 34/2019; https://www.freitag.de/autoren/elsa-koester/die-all-zu vielen

[127] Rupert Read, »Love immigrants, rather than large-scale immigration«, *The Ecologist*, 19.6.2014; https://theecologist.org/2014/jun/19/love-immigrants-rather-large-scale-immigration

[128] https://www.gatesfoundation.org/Media-Center/Press-Releases/2018/09/Gates-Foundation-Report-Says-Demographic-Trends-Threaten-Global-Progress

[129] Thomas Robert Malthus, *An Essay on the Principle of Population as it affects the future improvement of Society,* London 1798

[130] Gespräch mit Matthias Glaubrecht bei *Titel Thesen Temperamente* (ARD), 12.1.2019 https://www.daserste.de/information/wissen-kultur/ttt/sendung/ndr/artensterben-144.html?fbclid=IwAR3gbOkDKwX6vF6DT0kfEbpGorrYJmKHAiP7IVnv1M22kR_x5b5_6QEOF1M

[131] Kathrin Hartmann, »Baumagnat statt Bauern«, *Der Freitag*, Ausgabe 36/2018; https://www.freitag.de/autoren/der-freitag/baumagnat-statt-bauern

[132] Glaubrecht, *Titel Thesen Temperamente* (ARD), 12.1.2019

[133] »Es geht darum, Macht- und Herrschaftsverhältnisse zu hinterfragen.«, Interview mit Christine Riegel, Professorin für Sozialpädagogik an der Pädagogischen Hochschule Freiburg; https://transfer-politische-bildung.de/mitteilung/artikel/es-geht-darum-macht-und-herrschafts verhaeltnisse-zu-hinterfragen-interview-mit-christine-ri/; siehe auch Klein 2018, S.169 ff.

[134] Destatis, »Umweltökonomische Gesamtrechnungen: Direkte und indirekte CO_2-Emissionen in Deutschland 2010 – 2015«, Wiesbaden 2019; https://www.destatis.de/DE/Themen/Gesellschaft-Umwelt/Umwelt/Materialfluesse-Energiefluesse/Publikationen/Downloads-Material-und-Energiefluesse/co2-emissionen-pdf-5851305.pdf?__blob=publicationFile

[135] Naomi Klein, *Warum nur ein Green New Deal unseren Planeten retten kann*, 2019, S. 57

[136] UN Flüchtlingshilfe (UNHCR), https://www.uno-fluechtlingshilfe.de/informieren/fluchtursachen/klimawandel/

[137] David Wallace-Wells, Die unbewohnbare Erde, München 2019 S. 145 ff

[138] Uwe Kekeritz (MdB), entwicklungspolitischer Sprecher der Grünen, »Zusammenarbeit mit Despoten: GIZ unterstützt Grenzmanagement im Sudan und in Eritrea«, https://www.uwe-kekeritz.de/zusammenarbeit-mit-despoten-giz-unterstuetzt-grenzmanagement-im-sudan-und-in-eritrea/

UND JETZT?

[139] Ilija Trojanow, *Die Welt ist groß und Rettung lauert überall*, Roman, München 2009

[140] Die Reportage, die ich darüber geschrieben habe, ist in *Der Freitag* erschienen: https://www.freitag.de/autoren/der-freitag/verdi-rettet-die-welt

[141] Stephan Lessenich, *Grenzen der Demokratie. Teilhabe als Verteilungsproblem*, Ditzingen 2019, S. 108

[142] https://studentsforfuture.info/public-climate-school/

[143] Sonja Fröhlich, »Wie Kopenhagen die Hälfte seiner Pendler aufs Rad setzte«, *Hamburger Abendblatt,* 26.10.2017 https://www.abendblatt.de/vermischtes/article212359045/Wie-Kopenhagen-die-Haelfte-seiner-Pendler-aufs-Rad-setzte.html

KATHRIN HARTMANN

DIE GRÜNE LÜGE

WELTRETTUNG ALS PROFITABLES GESCHÄFTSMODELL

Blessing Verlag

240 Seiten 15,00 Euro ISBN 978-3-89667-609-2

Aus der Zusammenarbeit mit Werner Boote, mit dem zusammen sie das Drehbuch für den Kinofilm »The Green Lie« verfasste, in dem sie auch selbst mitwirkt, entstand dieses aufrüttelnde Buch.

Greenwashing, also das Bemühen der Konzerne, ihr schmutziges Kerngeschäft hinter schönen Öko- und Sozialversprechen zu verstecken, ist erfolgreicher denn je. Aber jenseits der grünen Scheinwelt schreitet die Zerstörung rapide fort. Laut dem Global Footprint Network lebt die Weltbevölkerung derzeit so, als hätte sie 1,6 Erden zur Verfügung. Würden alle auf der Welt so konsumieren, wie es Menschen in reichen Ländern wie Deutschland tun, bräuchte es 3,1 Erden, um den »Bedarf« zu decken. Der Verbrauch pflanzlicher, mineralischer und fossiler Rohstoffe hat sich zwischen 1980 und 2010 von 40 auf 80 Milliarden Tonnen verdoppelt. Die Artenvielfalt nimmt ab, Wälder schwinden, Böden degradieren, Emissionen steigen und der Hunger wächst.

Alle wissen das. Trotzdem hält Greenwashing jedweder Aufklärung stand. Je gebildeter die Zielgruppe, je schädlicher das Produkt ist und je absurder das daran geknüpfte Öko-Versprechen, je offensichtlicher also die grüne Lüge ist, desto eher wird sie geglaubt.

Doch die Menschen wehren sich weltweit gegen die Zerstörung ihrer Lebensgrundlagen. Wie der peruanische Bauer Saúl Luciano Lliuya, der den Energiekonzern RWE vor einem deutschen Gericht verklagt.

KATHRIN HARTMANN

AUS
KONTROLLIERTEM
RAUBBAU

**WIE POLITIK UND WIRTSCHAFT
DAS KLIMA ANHEIZEN,
NATUR VERNICHTEN UND ARMUT PRODUZIEREN**

Blessing Verlag

448 Seiten   18,99 Euro   ISBN 978-3-89667-532-3

Angesichts der Klimakatastrophe ruhen alle Hoffnungen auf der Green Economy, die das Wirtschaften nachhaltig und sozial machen soll. Elektro-Autos statt CO_2-Schleudern, Biosprit statt Benzin, Aquakultur statt Überfischung. Subventioniert von der Politik, unterstützt von Umweltorganisationen, ausgezeichnet mit Nachhaltigkeitspreisen. Wirtschaftswachstum und überbordender Konsum, so die frohe Botschaft der sogenannten dritten industriellen Revolution, sind gut für die Welt, solange sie innovativ und intelligent gemacht sind. Die technikbegeisterte Mittelschicht hört das gern.

Doch auch der Rohstoffhunger des grünen Kapitalismus ist riesig: Selbst für nachhaltiges Palmöl, das in Biodiesel und Fertigprodukten steckt, werden Regenwälder gerodet und Menschen vertrieben, wie Kathrin Hartmann in aufrüttelnden Reportagen aus Indonesien zeigt. Ebenfalls schockierend sind ihre Recherchen in Bangladesch: Garnelen aus Zuchtbecken werden mit Öko-Siegeln exportiert, dabei wurden dafür gegen den Willen der Bevölkerung Reisfelder und Mangrovenwälder zerstört. Um den eigenen Hunger zu bekämpfen, zwingt man den Bauern dort Gentechnik-Saatgut auf.

Eine schonungslose Abrechnung mit der Illusion des grünen Wachstums, dem Zynismus von Wirtschaft und Politik.